L [illegible] e
astuzie di
Bertoldo

La Spiga

note e proposte di lavoro
Danila Rotta

editing
Massimo Camola

copertina
Sabina Di Pietro

stampa
Techno Media Reference - Milano

per le note e le proposte di lavoro

diffusione
Medialibri Distribuzione s.r.l.
via Plezzo, 36 - 20132 Milano
tel. 02/21.57.240 - fax 02/21.57.833

GIULIO CESARE CROCE

Giulio Cesare Croce nacque a San Giovanni in Persiceto (Bologna) nel 1550.

Suo padre, che era un fabbro artigiano, lo avrebbe voluto dottore in legge e con questo intento lo mandò a scuola.

Ma la morte del genitore obbligò il giovane Giulio a lasciare la sua terra natale per trasferirsi, nel 1557, a Castelfranco, presso uno zio paterno, anch'egli fabbro di professione.

Nuovamente venne iscritto ad una scuola ma il maestro, invece di tenere regolare lezione ed esortarlo a studiare, si faceva aiutare nei suoi lavori di contadino. La qual cosa non solamente era controprudecente per il buon esito della carriera scolastica dell'allievo Croce ma era in sé motivo di vergogna per chiunque volesse elevarsi al di sopra del basso rango di villano.

L'esercizio della "scienza" mal si conciliava nella mentalità del tempo con il duro lavoro delle braccia nei campi. I contadini ritratti nella letteratura popolare erano rozzi, giudicati molto piú incolti dei cittadini, indipendentemente dal ceto sociale d'appartenenza.

Lo stesso Croce esternò in un'autobiografia il fastidio provato, ancora a distanza di anni, per quella esperienza agreste.

E ben presto, abbandonati la vanga e l'aratro, impugnò il martello e percosse l'incudine cosí come, da generazioni, i suoi avi avevano continuato a fare tramandandosi il mestiere di fabbro.

Scrisse infatti Croce:

«Noi non siam nati per esser dottori,
ma fabri, come vedi; or non t'aggrava
far quel ch'han fatto i tuoi antecessori».

Il suo lavoro di artigiano non si svolse tuttavia in una città bensí in campagna, tra i contadini. I quali, questi ultimi, gli procuravano sempre il solito malcelato fastidio anche quando doveva scambiare con loro solamente quattro chiacchiere.

Con significato antifrastico chiamò "scienza" quella che gli studiosi moderni definirebbero "cultura contadina" ed è facile comprendere che Croce prese le distanze dai cosiddetti villani perché era profondamente convinto della sua superiorità, intellettuale e, in un certo senso, di casta.

Un atteggiamento mentale irrigidito dai preconcetti, il quale, come abbiamo visto, era caratteristica saliente della cultura urbana, borghese o proletaria che fosse. Una chiusura storica che isolerà le masse contadine della nostra penisola, incapaci, nel trascorrere dei secoli, di organizzarsi in classe organica, indifferenti, se non ostili, alle rivoluzioni di stampo borghese.

Sta di fatto che il nostro scrittore, a un certo punto, non ne poté piú di dover trattare con i rudi contadini e prese la via della città.

Come tanti altri letterati cosí anche per il Croce la vera letteratura non poteva che essere urbana, non poteva fiorire se non tra i cittadini.

Era in realtà una vocazione da piccolo cortigiano la smania artistica che condusse il Croce a Bologna dove esercitò l'arte del cantastorie plebeo, che girava per le piazze e le strade a raccontar storie di re e contadini, accompagnandosi con un violino, per la qual cosa fu detto Giulio Cesare Croce dalla Lira.

Una sorta di imprenditore di se stesso: stampava infatti in opuscoli e fogli volanti le canzonette, le filastrocche, le barzellette, le cantilene e le ballate che vendeva per sfamare i figli. Trascorse la sua "carriera" di artista-cortigiano-cantastorie alla vana ricerca di un mecenate che togliesse dai continui stenti la sua famiglia.

Della straordinaria fortuna del "Bertoldo" e del "Bertoldino" l'autore non poté godere perché morí nel 1609, pochi mesi dopo la prima edizione completa delle opere.

Oltre alle opere già citate, Croce scrisse anche il "Dialogo di Salomone e di Marcolfo" ed altre composizioni di tono minore.

INTRODUZIONE

La cultura classica tenne in grande considerazione il villano, figura sociale che acquisí rilevante importanza per svariate ragioni. Innanzitutto si deve pensare al rapporto che il colono aveva con la terra, madre feconda, dispensatrice di vita assieme all'acqua e al fuoco; quindi, dobbiamo considerare la valenza simbolica della relazione uomo-terra che fu particolarmente forte in una cultura, l'antica, dove i riti pagani convissero a lungo con le religioni rivelate; e, infine, tener conto del tipo di economia, ove era di primaria importanza, o comunque estremamente significativa accanto ad altre attività quali il commercio, la produzione agricola.

Ai coloni Virgilio diede l'attributo di pii, contadini e pastori che vivevano secondo la vera Giustizia, che conoscevano la vera Letizia e l'Innocenza e la Semplicità: qualità divine che fecero dei primi villani miti da celebrare e cantare nei poemi.

Effettivamente, il mondo bucolico di Virgilio, e soprattutto quello dipinto con leziosità da certa letteratura medioevale, non corrispondeva minimamente alla realtà.

A partire dal basso medioevo, il villano fu oggetto di odio diffuso; da allora questa antichissima e nobilissima figura di lavoratore perse il rispetto universale per divenire sinonimo di malvagità, malizia, empietà e chi piú ne ha piú ne metta.

Quali sono le ragioni di una tale inversione di fortuna?

Si può fornire una prima generica spiegazione osservando che tra campagna e città esiste da sempre qualche frizione, una qualche forma di antagonismo.

Come nasca questo antagonismo è questione storica complessa ma certamente ebbe origine dall'abolizione della servitú della gleba, quando migliaia e migliaia di contadini rimasti senza lavoro abbandonarono i centri rurali per cercare un'occupazione nelle città. A lottare contro i feudatari latifondisti delle campagne era stata però la borghesia mercantile urbana che aveva decretato la caduta della piramide feudale ai piedi della quale stavano i contadini senza diritti, cose e non persone, proprietà del signore che poteva dar loro perfino la morte.

I ricchi borghesi non avevano guidato questa vera e propria rivoluzione contro l'ordinamento feudale per favorire la libertà dei contadini; il loro scopo era stato quello di assestare un colpo mortale all'aristocrazia fondiaria che ostacolava i progetti politici e i piani di espansione economica delle categorie sociali emergenti. Infatti, appena ottenuto il controllo sul sistema di scambio dei prodotti agricoli, la borghesia cittadina si preoccupò di limitare alquanto i diritti dei villani, i quali passarono in tal modo dal vecchio padrone ad uno nuovo, forse solamente piú illuminato.

L'agricoltura era stata liberata dai vincoli signorili e le merci potevano arrivare piú agevolmente sui mercati cittadini. Il contadino che abbandonava il suo posto nei campi e sceglieva la città era allora visto come un elemento perturbatore del nuovo ordine urbano, fondato su un diverso grado di civiltà, piú raffinato e progredito.

La letteratura popolare prese di mira il villano seguendo due indirizzi: un primo che diremmo positivo e un secondo negativo. In quello positivo il campagnolo corrisponde all'immagine del detto "scarpe grosse e cervello fino", un uomo dall'astuzia volpina che maliziosamente beffa i potenti; in quello negativo sono i cantastorie e i buffoni di città che mettono in ridicolo la dappocaggine dei contadini. Bertoldo è un esempio in positivo perché con la sua astuzia ha la meglio sui potenti della corte di Alboino. Il villano tanto rozzo d'aspetto, quanto sottile d'ingegno, potrebbe apparire come il simbolo della rivolta delle plebi contadine mentre in realtà le esagerazioni delle sue qualità conducono allo stesso risultato della satira negativa.

Grande fu la fortuna di questo lavoro del Croce che venne rappresentato da numerose compagnie teatrali ed ebbe anche una riscrittura cinematografica.

Questa proposta editoriale offre l'opportunità ad un pubblico adolescente di riflettere sul testo avvalendosi di osservazioni e proposte di lavoro.

Proemio

Qui non ti narrerò, benigno lettore, il giudicio di Paris [1], *non il ratto di Elena, non l'incendio di Troia, non il passaggio d'Enea in Italia, non i lunghi errori di Ulisse, non le magiche operazioni di Circe, non la distruzione di Cartagine, non l'esercito di Serse, non le prove di Alessandro, non la fortezza di Pirro, non i trionfi di Mario, non le laute mense di Lucullo, non i magni fatti di Scipione, non le vittorie di Cesare, non la fortuna di Ottaviano, poiché di simil* [2] *fatti le istorie ne danno, a chi legge, piena contezza; ma bene t'appresento innanzi un villano brutto e mostruoso sí, ma accorto e astuto e di sottilissimo ingegno, a tale che, paragonando la bruttezza del corpo con la bellezza dell'animo, si può dire ch'ei* [3] *sia proprio un sacco di grossa tela, foderato di dentro di seta ed oro. Quivi udirai astuzie, motti, sentenze, arguzie, proverbi e stratagemme* [4] *sottilissime ed ingegnose, da far trasecolare non che* [5] *stupire. Leggi dunque, che di ciò trarrai grato* [6] *e dolce trattenimento, essendo l'opera piacevole e di molta dilettazione.*

---

1. **Paris**: Paride.
2. **simil**: simili.
3. **ch'ei**: che egli.
4. **stratagemme**: stratagemmi.
5. **non che**: nonché.
6. **grato**: gradito; gradevole.

OSSERVAZIONI E PROPOSTE DI LAVORO

RIFLETTI, DOCUMENTATI E RISPONDI

«Qui non ti narrerò, benigno lettore,...»
Giulio Cesare Croce era un menestrello, un fabulatore, e le prime righe del Proemio ce ne danno diretta testimonianza. Lo scrittore spiega in una manciata di frasi l'intento della sua narrazione, quel voler parlare di un uomo brutto e insignificante nel fisico quanto interessante e brillante nella mente, che mai sarebbe comparso nelle pagine dei libri di storia, piene di personaggi e fatti celebri.

- Indica per ciascuno dei fatti menzionati dall'autore un riferimento cronologico.
- Secondo te, perché Croce non ha elencato anche eventi storici piú vicini alla sua epoca?
- In quali opere vengono cantate, o narrate, le vicende nominate nel Proemio?
- In quali categorie sociali avrebbe potuto essere individuato il «benigno lettore» al quale si rivolge lo scrittore?

Ti capiterà, nella lettura dell'opera del Croce, di trovare qualche difficoltà nella comprensione linguistica.

- Come è scritto il racconto?
- Quale periodo di transizione della lingua italiana puoi individuare?
- Quali furono le prime iscrizioni in volgare?

Procurati il testo di alcune iscrizioni e confrontane la lingua con quella del Croce. Quali differenze noti?

- Sapresti spiegare come si evolse il volgare fino a diventare una lingua molto simile alla nostra?
- Nel testo del Croce troverai alcune differenze ortografiche, morfologiche e sintattiche rispetto all'italiano moderno *(«quando mi partii da casa...», «pedocchi»...).* Evidenziale man mano che procedi nella lettura del testo.

Le sottilissime astuzie di Bertoldo

Nel tempo che il re Alboino, re dei Longobardi, si era insignorito quasi di tutta l'Italia, tenendo il seggio regale nella bella città di Verona, capitò nella sua corte un villano, chiamato per nome Bertoldo; il quale era uomo difforme[1] e di bruttissimo aspetto; ma, dove mancava la formosità della persona, suppliva la vivacità dell'ingegno: onde era molto arguto e pronto nelle risposte, e oltre l'acutezza dell'ingegno anco era astuto, malizioso e tristo[2] di natura. E la statura era tale, come qui si descrive.

Fattezze di Bertoldo

Prima, era costui picciolo di persona, il suo capo era grosso e tondo come un pallone, la fronte crespa e rugosa, gli occhi rossi come di fuoco, le ciglia lunghe ed aspre come setole di porco, l'orecchie asinine, la bocca grande e alquanto storta, con il labbro di sotto pendente a guisa[3] di cavallo, la barba folta sotto il mento e cadente come quella del becco[4] , il naso adunco e righignato[5] all'insú, con le nari larghissime, i denti in fuori come il cinghiale, con tre ovvero quattro gozzi sotto la gola, i quali, mentre che esso parlava, parevano tanti pignattoni, che bollissero; aveva le gambe caprine, a guisa di satiro, i piedi lunghi e larghi, e tutto il corpo peloso; le sue calze erano di grosso bigio[6] e tutte rappezzate su le ginocchia; le scarpe alte ed ornate di grossi tacconi.
Insomma costui era tutto il rovescio di Narciso.

---

1. **difforme**: deforme, per niente proporzionato.
2. **tristo**: disposto a fare del male, cattivo.
3. **a guisa**: come, somigliante a qualcosa.
4. **becco**: il maschio della capra.
5. **righignato**: ritorto, deforme.
6. **grosso bigio**: filato molto grossolano, di colore grigio.

OSSERVAZIONI E PROPOSTE DI LAVORO

I LONGOBARDI

Dopo il Proemio, lo scrittore inizia a narrare le avventure di Bertoldo alla corte del re longobardo Alboino, personaggio che ha un suo posto, e di tutto rispetto, nella storia italiana.

- Quali regioni europee avevano abitato i Longobardi prima di calare in terra italica? A quale gruppo etnico appartenevano?

Nell'aprile del 568 i Longobardi passarono le Alpi Giulie e scesero nelle nostre terre.

- Chi li guidava? Quali città assoggettarono al loro dominio? Dove stabilirono la loro capitale? Perché scelsero proprio questa città?

La conquista longobarda della penisola non fu sistematica.

- Quali zone d'Italia vennero colonizzate dall'invasore? E le terre non occupate a chi rimasero?

Dopo l'assassinio di Alboino, nel 572, e del suo successore Clefi, nel 574, il regno dei Longobardi si divise. In seguito, con Autari e poi Agilulfo, lo Stato longobardo acquisí una certa unità.

- Chi erano i gastaldi?
- Raccogli informazioni sull'editto di Rotari. Quali importanti elementi conteneva?

Nonostante la diffusione del cattolicesimo fra i Longobardi, ormai profondamente romanizzati, la conversione del re fu ostacolata a lungo dall'alternanza al potere della fazione nazionalista ariana e di quella filo-cattolica.

- Quali pontefici lottarono contro i Longobardi? Per quali ragioni? Quale popolo si schierò al loro fianco?
- Hai mai sentito parlare dell'abbazia di San Colombano a Bobbio?
  Documentati sulla sua storia.

Audacia di Bertoldo

Passò dunque Bertoldo per mezzo a tutti quei signori e baroni, ch'erano innanzi al Re, senza cavarsi il cappello, né fare atto alcuno di riverenza, e andò di posta[1] a sedere appresso il Re; il quale, come quello che era benigno[2] di natura, e che ancora si dilettava di facezie[3], s'immaginò che costui fosse qualche stravagante umore[4], essendo che la natura suole spesse volte infondere in simili corpi mostruosi certe doti particolari, (di) che a tutti non è cosí larga donatrice; onde senza punto alterarsi lo cominciò piacevolmente ad interrogare, dicendo:

Ragionamento fra il Re e Bertoldo

Re. Chi sei tu, quando nascesti, e di che parte sei?

Bertoldo. Io son un uomo, nacqui quando mia madre mi fece, e il mio paese è in questo mondo.

Re. Chi sono gli ascendenti[5] e discendenti tuoi?

Bertoldo. I fagiuoli, i quali bollendo al fuoco vanno ascendendo e discendendo, su e giú per la pignatta.

Re. Hai tu padre, madre, fratelli e sorelle?

Bertoldo. Ho padre, madre, fratelli e sorelle, ma sono tutti morti.

Re. Come li hai tu, se sono tutti morti?

Bertoldo. Quando mi partii da casa io li lasciai che tutti dormivano, e per questo io dico a te che tutti sono morti: perché, da uno che dorme ad uno che sia morto, io faccio poca differenza, essendo che il sonno si chiama fratello della morte.

Re. Qual è la piú veloce cosa, che sia?

Bertoldo. Il pensiero.

Re. Qual è il miglior vino, che sia?

Bertoldo. Quello che si beve a casa d'altri.

---

1. **di posta**: apposta, di proposito.
2. **benigno**: incline al divertimento, di buon umore.
3. **facezie**: detto arguto e piacevole; celia, barzelletta, scherzo, beffa.
4. **umore**: carattere.
5. **ascendenti**: persone dalle quali discendono altre per via di generazione, antenati.

Re. Qual è quel mare che non s'empie mai?
Bertoldo. L'ingordigia dell'uomo avaro.
Re. Qual è la piú brutta cosa che sia in un giovane?
Bertoldo. La disubbidienza.
Re. Qual è la piú brutta cosa che sia in un vecchio?
Bertoldo. La lascivia[1].
Re. Qual è la piú brutta cosa che sia in un mercante?
Bertoldo. La bugia.
Re. Qual è quella gatta che dinanzi ti lecca e di dietro ti graffia?
Bertoldo. La puttana.
Re. Qual è il piú gran fuoco che sia in casa?
Bertoldo. La mala lingua del servitore.
Re. Qual è il piú gran pazzo che sia?
Bertoldo. Colui che si tiene il piú savio.
Re. Quali sono le infermità incurabili?
Bertoldo. La pazzia, il cancaro[2] e i debiti.
Re. Qual è quel figlio che abbrucia[3] la lingua a sua madre?
Bertoldo. Lo stuppino[4] della lucerna.
Re. Come faresti a portarmi dell'acqua in un crivello[5], e non la spandere?
Bertoldo. Aspetterei il tempo del ghiaccio, e poi la porterei.
Re. Quali sono quelle cose che l'uomo le cerca, e non le vorria trovare?
Bertoldo. I pedocchi[6] nella camicia, i calcagni rotti e il necessario brutto.
Re. Come faresti a pigliar un lepre senza cane?
Bertoldo. Aspetterei che fosse cotto, e poi lo piglierei.
Re. Tu hai un buon cervello, s'ei si vedesse.
Bertoldo. E tu saresti un bell'umore, se non vaneggiassi.
Re. Orsú, addimandami[7] ciò che vuoi, ch'io son qui pronto

1. **lascivia**: tendenza a comportamenti privi di pudore; impudicizia, sensualità, dissolutezza.
2. **cancaro**: cancro, cancrena.
3. **abbrucia**: brucia.
4. **stuppino**: stoppino, ovvero il filo di bambagia coperto di cera e avvolto a gomitolo che viene incendiato nella lampada.
5. **crivello**: setaccio.
6. **pedocchi**: pidocchi.
7. **addimandami**: domandami.

per darti tutto quello che tu mi chiederai.

Bertoldo. Chi non ha del suo, non può darne ad altri.

Re. Perché non ti poss'io dare tutto quello che tu brami[1] ?

Bertoldo. Io vado cercando felicità, e tu non l'hai; e però non puoi darla a me.

Re. Non son io dunque felice, sedendo sopra questo alto seggio, come io faccio?

Bertoldo. Colui che piú in alto siede, sta piú in pericolo di cadere al basso, e precipitarsi.

Re. Mira[2] quanti signori e baroni mi stanno attorno per ubbidirmi e onorarmi.

Bertoldo. Anco[3] i formiconi stanno attorno al sorbo[4] , e gli rodono la scorza.

Re. Io splendo in questa corte, come propriamente splende il sole fra le minute[5] stelle.

Bertoldo. Tu dici la verità, ma io ne veggo molte oscurate dall'adulazione.

Re. Orsú, vuoi tu diventare uomo di corte?

Bertoldo. Non deve cercar di legarsi colui che si trova in libertà.

Re. Chi t'ha mosso dunque a venir qui?

Bertoldo. Il creder io che un re fosse piú grande di statura degli altri uomini dieci o dodici piedi[6] , ed esso avanzasse sopra tutti come avanzavano i campanili sopra tutte le case; ma io veggo che tu sei un uomo ordinario[7] come gli altri, se ben sei re.

Re. Son ordinario di statura sí, ma di potenza e di ricchezza avanzo sopra gli altri, non solo dieci piedi, ma

---

1. **brami**: desideri.
2. **mira**: guarda.
3. **anco**: anche.
4. **sorbo**: albero delle Rosacee con foglie composite, infiorescenza a corimbo, frutti simili a piccole pere che a maturazione diventano teneri al tatto e di colore ruggine.
5. **minute**: piccole; apparentemente tutte le stelle sono di dimensioni inferiori al Sole.
6. **piedi**: il piede è un'unità di misura lineare che varia a secondo del luogo e dell'epoca.
7. **ordinario**: comune, privo di speciali doti.

cento e mille braccia[1]. Ma chi t'induce a fare questi ragionamenti?

Bertoldo. L'asino del tuo fattore.

Re. Che cosa ha da fare l'asino del mio fattore con la grandezza della mia corte?

Bertoldo. Prima che fossi tu, né manco[2] la tua corte, l'asino aveva ragliato quattro mill'anni innanzi.

Re. Ah, ah, ah! O sí, che questa è da ridere.

Bertoldo. Le risa abbondano sempre nella bocca de' pazzi.

Re. Tu sei un malizioso villano.

Bertoldo. La mia natura dà cosí.

Re. Orsú, io ti comando che or ora tu debba partire dalla presenza mia; se no, io ti farò cacciare via con tuo danno e vergogna.

Bertoldo. Io andrò; ma avvertisci[3] che le mosche hanno questa natura, che se bene sono cacciate via, ritornano ancora: però, se tu mi farai cacciar via, io tornerò di nuovo ad insidiarti.

Re. Or va'; e, se non torni a me come fanno le mosche, io ti farò battere via[4] il capo.

Astuzia di Bertoldo

Partissi dunque Bertoldo, e andatosene a casa, e pigliato un asino vecchio, ch'egli aveva, tutto scorticato su la schiena e sui fianchi e mezzo mangiato dalle mosche, e montatovi sopra, tornò di nuovo alla corte del Re, accompagnato da un milione di mosche e di tafani, che tutti insieme facevano un nuvolo grande, sí che a pena si vedeva, e giunto avanti al Re disse:

Bertoldo. Eccomi, o Re, tornato a te.

Re. Non ti diss'io che, se tu non tornavi a me come mosca, ch'io ti farei gettar via il capo dal busto?

Bertoldo. Le mosche non vanno elleno[5] sopra le carogne?

---

1. **braccia**: misura lineare corrispondente a circa 0,58 metri; in marina è utilizzato per misurare la profondità (1,83metri).
2. **né manco**: e neanche.
3. **avvertisci**: sappi.
4. **battere via**: tagliare.
5. **elleno**: loro.

OSSERVAZIONI E PROPOSTE DI LAVORO

RIFLETTI E RISPONDI

Rileggi con particolare attenzione a pag. 9 le "Fattezze di Bertoldo". *Ti accorgerai che il personaggio descritto da Giulio Cesare Croce ha nell'aspetto molte somiglianze con il mondo animale.*

- A quali animali viene paragonato Bertoldo?
- Quali parti del corpo hanno caratteristiche bestiali?
- Secondo te, perché l'autore ha creato il suo personaggio come fosse la somma delle parti di piú animali? Quale effetto intendeva ottenere?
- Gli animali che compaiono nella descrizione hanno elementi in comune tra loro? Quali?

Bertoldo, presentato già all'inizio della narrazione come un personaggio arguto e pronto nelle risposte, appare al lettore un uomo del tutto particolare quando fa il suo ingresso nella sala regale.

- In base a quali atteggiamenti di Bertoldo il re *«s'imaginò che costui fosse qualche stravagante umore»*?
- Cosa pensi dell'affermazione "*che la natura suole spesse volte infondere in simili corpi mostruosi certe doti particolari, (di) che a tutti non è cosí larga donatrice…*"?
- Rileggi con attenzione il dialogo tra il re e Bertoldo. Come ti paiono le risposte date dal villano al re? (sagge, astute, insensate,...)
- Quali doti intendeva riconoscere Alboino in Bertoldo? Quale funzione il primo avrebbe voluto assegnare al secondo presso la corte?

DOCUMENTATI E RISPONDI

«Insomma costui era tutto il rovescio di Narciso.»

- Narciso è una figura mitologica. Cerca notizie su questo mito e riassumile brevemente. Quale significato attribuiamo noi oggi all'espressione *«quell'uomo è proprio un Narciso»* ?

Re. Sí vanno.

Bertoldo. Or eccomi tornato sopra una carogna scorticata e tutta carica di mosche, come tu vedi, che quasi l'hanno mangiata tutta, e me insieme ancora: onde mi tengo aver servato[1] quel tanto che io di far promisi.

Re. Tu sei un grand'uomo. Or va', ch'io ti perdono; e voi menatelo a mangiare.

Bertoldo. Non mangia colui che ancora non ha finito l'opera.

Re. Perché, hai tu forse altro da dire?

Bertoldo. Io non ho ancora incominciato.

Re. Orsú, manda via quella carogna, e tu ritirati alquanto da banda[2], perché io veggio[3] venire in qua due donne, che devono forse voler udienza da me, e, come io le avrò ispedite[4], torneremo di nuovo a ragionare insieme.

Bertoldo. Io mi ritiro, ma guarda a dare la sentenza giusta.

Lite donnesca

Vennero dunque due donne dinanzi al Re, e una di quelle che aveva rubato uno specchio di cristallo all'altra, e quella di chi era[5] lo specchio si chiamava Aurelia, e l'altra che l'aveva rubato si chiamava Lisa, la quale aveva il detto specchio in mano. E Aurelia querelandosi[6] innanzi al Re disse:

Aurelia. Sappi, signore, che costei ieri sera fu nella camera mia, e mi rubò quello specchio di cristallo ch'ella tiene in mano. Io glie l'ho addimandato piú volte, ed essa me lo nega e non me lo vuol restituire, e però io t'addimando giustizia.

Lisa. Questa non è la verità; anzi son piú giorni, che io lo comprai dei[7] miei danari, e non so come costei abbia tanto ardire di chiedere quello che non è suo.

---

1. **servato**: compiuto, assolto.
2. **da banda**: in disparte.
3. **veggio**: vedo.
4. **ispedite**: congedate.
5. **di chi era**: alla quale apparteneva.
6. **querelandosi**: dolendosi, lamentandosi, denunziando.
7. **dei**: con i.

Aurelia. Deh[1] , giustissimo Re, non dar credito alle false parole di costei, perché ella è una ladra pubblica[2] , che non ha coscienza né fede, e sappi tua Maestà che io non mi sarei mossa a chiedere quello che non è mio, per tutto l'oro del mondo.

Lisa. O che coscienza grossa[3] ! Sa ella mo' bene[4] dare ad intendere di essere lei quella dalla ragione, e chi ti credesse, ah, sorella, ne sapresti trovare delle migliori? Ma noi siamo dinanzi a un giudice, che ne conoscerà[5] la mia innocenza e la tua falsità.

Aurelia. O terra, perché non t'apri a inghiottire questa ribalda, che con tanta sfacciataggine nega quello che è mio, e di piú si sforza dare ad intendere di esser lei quella dalla ragione, e io dal torto? O Cielo, scopri tu la verità di questo fatto!

Sentenza giusta del Re

Re. Orsú, acchetatevi, che or ora io vi consolerò. Pigliate qua voi questo specchio, e spezzatelo minutamente, e diasene[6] tanti pezzi all'una quanto all'altra, e cosí tutte e due saranno contente. Che ne dite voi?

Lisa. Io sí, mi contento, perché cosí sarà finita la lite fra noi, né grideremo piú insieme.

Aurelia. No, no. Diasi pur piú tosto[7] a lei, che romperlo, perché io non potrei mai soffrire di vedere che fosse spezzato cosí bello specchio; e chi sa che un giorno, rimorsa dalla coscienza, ella non me lo renda. Portiselo[8] dunque costei intiero a casa, e sia qui finita la nostra tenzone[9].

---

1. **deh**: da una forma vocativa del tardo latino "dee!", o Dio!; esclamazione di dolore o preghiera.
2. **ladra pubblica**: era noto a tutti che la donna fosse una ladra.
3. **grossa**: impudica.
4. **mo' bene**: molto bene.
5. **ne conoscerà**: riconoscerà, decreterà.
6. **diasene**: ne siano dati.
7. **diasi pur piú tosto**: ne siano pur dati piuttosto.
8. **portiselo**: se lo porti.
9. **tenzone**: contesa, litigio.

Prudenza del Re

Re. Orsú, ch'io conosco veramente che lo specchio è di colei che non vuole che si spezzi; perché al pianto, alle lagrime ed al supplicare ch'ella fa, quanto[1] al giudicio mio, mostra segno chiarissimo ch'ella n'è padrona, e che quest'altra glie l'ha involato[2]. Diasi adunque lo specchio a lei, e mandisi via l'altra vergognosamente.

Aurelia. Io ti ringrazio infinitamente, benignissimo Signore, poiché, conoscendo la tua prudenza la malizia di costei, hai dato la sentenza retta[3] , come giusto giudice; onde pregherò sempre il Cielo che ti conservi e ti dia tutte le prosperità che desideri.

Re. Va' in pace, e sforzati d'esser da bene. In vero si conosce che lo specchio è di costei, perché, al lagrimar ch'ella faceva, mostrava chiaro segno ch'ei fosse suo.

Bertoldo ridendo di tal sentenza dice:

Bertoldo. Questa non è una buona cognizione[4] , o Re.

Re. Perché non è una buona cognizione?

Bertoldo. Tu credi dunque alle lagrime delle donne?

Re. Perché non vuoi tu ch'io gli creda?

Bertoldo. Or non sai tu che il suo pianto è un inganno? e che ogni cosa ch'esse fanno, o dicono, è l'istesso, però ch'esse piangono con gli occhi e ridono con il cuore; ti sospirano dinanzi, poi ti burlano di dietro; parlano al contrario di quello ch'esse pensano, e pensano al contrario di quello ch'esse parlano; però il versare delle lagrime loro, lo sbattersi, la mutazione[5] della faccia, tutte sono fraudi[6] , inganni e tradimenti, che gli scorrono per la mente per adempire i loro ingordi e insaziabili desiderii.

---

1. **quanto**: dopo.
2. **involato**: rubato.
3. **retta**: giusta.
4. **cognizione**: conclusione, decisione.
5. **mutazione**: cambiamento d'espressione.
6. **fraudi**: frodi.

OSSERVAZIONI E PROPOSTE DI LAVORO

RIFLETTI E RISPONDI

La prima astuzia di Bertoldo è quella di tornare al cospetto del re «come fanno le mosche». *In realtà egli ritorna a dorso d'asino, circondato da un grosso nugolo di mosche e tafani.*

- Il successo della sua scommessa con il re dipende dall'aver eseguito alla lettera l'ordine o dall'aver argutamente interpretato la richiesta con un effetto finale sorprendente? Ti pare che il re sia stato veramente assecondato oppure finemente beffato dal rozzo villano?
- Commenta l'obiezione che Bertoldo fa ad Alboino quando il re ordina ai suoi servi di condurlo a mangiare.
- Ti pare impertinente la sollecitazione a dare una sentenza giusta fatta dal nostro villano al re?

DOCUMENTATI E RISPONDI

Il dialogo delle due donne davanti al re e la saggia sentenza espressa alla fine da quest'ultimo ricordano il giudizio del biblico Salomone in una situazione analoga.

- Chi era il re Salomone? Quali doti gli venivano principalmente attribuite?
- Quale questione specifica posero le due litiganti al grande re? Leggi l'aneddoto e riassumilo brevemente
- Quali affinità ha questa situazione con quella che si svolge alla corte di Alboino?

Le due donne si rivolgono al re per ottenere giustizia.

- Oltre al sovrano, chi altro esercitava la giustizia presso i Longobardi? E nei Comuni medioevali?
- Ai giorni nostri, due persone che litigano per motivi futili a chi si devono rivolgere?
- La sentenza di Salomone o di Alboino aveva possibilità d'appello?
- Oggi una sentenza quante e quali possibilità ha di essere impugnata dall'imputato ritenuto colpevole in primo grado?

Lodi date dal Re alle donne

Re. Tanto hanno in esse bontà le donne, senno e prudenza, quanto alcuna di queste cose da te impostegli a torto; e se a sorte[1] pur una pecca per fragilità, è degna di scusa, per esser ella piú molle[2] e piú facile al cadere in questi difetti, che non è l'uomo. Ma dimmi un poco, non si può dire che sia morto colui che sia separato da tal sesso? prima, la donna ama il suo marito, genera i figlioli, li alleva, li nodrisce[3], li costuma[4] e gli mostra tutte le buone creanze[5]; la donna regge la casa, mantien la roba, custodisce la famiglia, sollecita le serve e provvede a tutti i disordini[6] che possono avvenire in casa; ama con fedeltà, è dolce da praticare[7], nobile da conservare, schietta nel contrattare e discreta nel comandare, pronta nell'ubbidire, onesta nel ragionare, modesta nel procedere, sobria nel mangiare, parca nel bere, mansueta con quelli di casa e trattabile con quelli di fuora[8]. Insomma la donna appresso l'uomo si può dire ch'ella sia una gemma orientale, legata in oro purissimo; e per una, che caschi in qualche frenesia, o umore stravagante, mille all'incontro[9] ne sono onestissime e da bene; e però[10] io tengo che la sentenza da me data sia stata giusta.

Bertoldo. Veramente si vede che tu ami molto le donne, e però hai fatto sí bella spiegata di parole in lode loro. Ma che dirai tu, se io ti farò tornare addietro[11] tutto quello che in suo favore hai detto, prima che tu vada a dormire doman sera?

Re. Quando tu farai questo, il quale tengo[12] che sia im-

---

1. **a sorte**: casualmente, sporadicamente.
2. **molle**: debole, languida.
3. **nodrisce**: nutre.
4. **costuma**: educa, ammaestra.
5. **creanze**: maniere.
6. **disordini**: contrattempi, difficoltà.
7. **praticare**: frequentare.
8. **fuora**: fuori, non compresi nella cerchia familiare.
9. **all'incontro**: al contrario.
10. **però**: perciò.
11. **tornare addietro**: ricredere su, rivedere.
12. **tengo**: credo, sono convinto.

possibile che lo facci[1], io dirò che tu sei il primo uomo del mondo; ma se tu non lo farai, io ti farò impiccar subito.

Bertoldo. Orsú, a rivederci domani.

Cosí essendo sera, il Re si ritirò nelle sue stanze, e Bertoldo, dopo aver cenato, andò a dormire alla stalla per quella notte, andando fantasticando fra sé di trovar strada acciò[2] che il Re cantasse alla roversa[3] di quanto avea detto in lode alle donne, ed avendo pensato una nuova astuzia si pose a dormire, aspettando il giorno per porla in esecuzione.

Astuzia di Bertoldo

Venuta la mattina, Bertoldo si levò dalla paglia e andò a trovare quella femmina alla quale il Re aveva data la sentenza in favore, e gli disse:

Bertoldo. Tu non sai quello che ha determinato il Re?

Aurelia. Io non so nulla, se tu non me lo dici.

Bertoldo. Egli ha commesso[4] che lo specchio sia spezzato, com'ei disse, e dato la metà a quell'altra, perché ella si è appellata della[5] sentenza: onde il Re, per non udire piú querele, vuole, col dividerlo, sodisfare[6] all'una e all'altra.

Aurelia. Come, che il Re ha determinato che il mio specchio sia spezzato, se di già egli ha sentenziato ch'esso mi sia restituito sano e intiero? Oh, che tu mi burli, va' via!

Bertoldo. Io non ti burlo, certo; ché glie l'ho udito dire con la sua propria bocca.

Aurelia. Ohimé, che è quello ch'io sento? Forse ei fa questo per dar sodisfazione a quella maledetta femmina. O che ingiuste sentenze, o che nobili azioni d'un Re! O povera giustizia, come sei tu bene amministrata, poiché adesso si crede piú alla bugia che alla verità! O misera me! Pur converrà ch'io ti veggia rotto in mille pezzi, caro il mio specchio, uh, uh!

Bertoldo. Il Ciel volesse, che non vi fosse di peggio.

---

1. **facci**: faccia.
2. **di trovar strada acciò**: di trovar il modo affinché.
3. **roversa**: rovescia.
4. **commesso**: comandato, ordinato.
5. **della**: alla.
6. **sodisfare**: soddisfare.

Aurelia. E che cosa vi può essere di peggio per me, di questo?

Bertoldo. Egli ha ordinato una legge, che ogni uomo debba prendere sette mogli. Or mira tu che ruina[1] sarà per le case, con tante femmine.

Aurelia. Come, ch'ei vuole che ogni uomo pigli sette mogli? Oh, questo[2] è ben peggio che s'ei facesse rompere quanti specchi sono nella città. Ma che pazzia è questa, che gli è saltata nel capo?

Bertoldo. Io non ti so dire altro, e t'ho detto tutto quello che a lui ho udito dire; a voi donne sta il difendervi, prima che il male vada piú avanti.

Cosí avendogli cacciato questo pulce nell'orecchio si partí[3] da lei e se ne tornò alla corte, aspettando di udire qualche gran novità avanti[4] che fosse notte.

Tumulto di donne della città per questa baia[5]

Partito Bertoldo, Aurelia, credendosi che ciò fosse la verità, subito andò a trovare le sue vicine, e gli fece palese[6] quel tanto che da Bertoldo aveva udito; le quali, udendo tal cosa, entrarono in tanta smania e tanta furia, che gettavano fuoco per tutto; e in meno d'un'ora si sparse tal nuova[7] per tutta la città; onde si raccolsero insieme piú di due mila femmine, le quali, avendo discorso gran pezzo sopra tal fatto, si risolsero alla fine di andar a trovar il Re, e quivi alla sua presenza gridar tanto e far tanto rumore, che esso, vinto dalla loro importunità[8] , si risolvesse a fare che la legge da lui nuovamente imposta non andasse piú avanti. E cosí, tutte piene di rabbia e colme di sdegno, andarono a corte e ivi giunte cominciarono a fare i piú grandi strepiti e le maggior grida del mondo, a tale che il Re era quasi

---

1. **ruina**: rovina.
2. **questo**: questa.
3. **si partí**: partí.
4. **avanti**: prima.
5. **baia**: beffa, burla.
6. **e gli fece palese**: e rese pubblico.
7. **tal nuova**: una tal novità.
8. **importunità**: l'essere noiose, seccanti, fastidiose.

stordito, né sapendo la cagione di cosí gran tumulto, restò tutto confuso e pieno di maraviglia; laonde[1], non potendo piú sopportar tanta insolenza, tratto[2] dalla collera e dallo sdegno, fu sforzato di ponere[3] la pazienza da una banda nell'ultimo[4].

Il Re va in collera con le donne e Bertoldo gode

E rivolto a quelle, con faccia turbata, disse loro: Che novità è questa ch'io sento? e di dove procede questa sollevazione? Chi vi ha messo in tanta smania? Dove nasce tanto fracasso? Perché fare tanta ruina[5]? Siete voi forse spiritate? Che malanno avete? Ditelo in mal'ora[6], femmine del diavolo!

Donne. Che novità è la tua, o Re? Che umore di pazzia ti è saltato nel capo (rispose una delle piú audaci e rabbiose), che frenesia ti è tocca[7] a ordinare che ogni uomo pigli sette mogli? O che nobile considerazione di prudente re! Ma sappi certo che ella non ti anderà fatta[8].

Re. Che cosa dite voi, sciocche? Parlate pianamente[9], ch'io v'intenda, e vi risponderò.

Donne. Parlar pianamente, eh? Anzi bisognerebbe tirarti giú di quel seggio regale, dove ora siedi, e cavarti ambidue gli occhi.

Re. Che ingiuria, che dispiacere v'ho fatto io, ditelo alla schietta, e non v'affogate[10] tanto, cagne rabbiose che siete.

Donne. Non te l'abbiamo detto un'altra volta?

Re. Io non vi ho bene inteso, però tornatelo a dire.

Donne. Non è il peggior sordo, quanto quello che non vuole

---

1. **laonde**: dopodiché.
2. **tratto**: irretito.
3. **di ponere**: mettere da parte.
4. **da una banda nell'ultimo**: nel piú riposto angolo.
5. **ruina**: confusione, chiasso.
6. **in mal'ora**: accidenti, insomma.
7. **ti è tocca**: ti porta.
8. **che ella non ti anderà fatta**: che questo progetto non riuscirà.
9. **pianamente**: chiaramente.
10. **v'affogate**: vi inferocite.

udire. Noi ti torniamo a dire che tu hai fatto un grande errore a ordinare per legge che ogni uomo pigli sette donne per moglie, e che tu dovresti attendere ai negozi tuoi e del tuo regno, e non t'impicciare in quello che a te non s'appartiene[1]. Hai tu inteso, adesso? Ma ben si vede che non hai punto di cervello[2] e che sei pazzo affatto.

Il Re scaccia le donne e biasma il sesso femminile

Ah, sesso ingrato e discortese, quando feci io tale legge? Levatevi or ora dalla presenza mia, e andate alla malora, seme ribaldo e importuno, che adesso io conosco chiaramente che donna non vuol dinotare[3] altro che danno, e femmina semina zizanie e discordie, che dalla casa ov'ella si parte si tira dietro ciò che può col rastrello, e dove ella vi entra vi porta la fiamma e il fuoco; ella è una fontana d'inganni e di tradimenti, un baratro infernale, nel quale si sentono di continuo i pianti e lamenti de' miseri mariti; elle sono la ruina de' padri, tormento delle madri, flagello de' fratelli, vergogna de' parenti, consumamento[4] delle case, e insomma elle sono pena e afflizione di tutto il genere umano. Andate via tutte nella mala perdizione, e non mi tornate mai piú innanzi, spiriti infernali e bestie malvagie, che voi siete. O che fracasso, o che rovina hanno fatto queste pazze scatenate, per niente! Ma s'io posso sapere chi sia stato l'autore di questa novità, io son risoluto di riconoscerlo secondo[5] ch'egli merita. Ecco che pur sono andate via queste insolenti, che poco vi è mancato, ch'esse non mi abbiano cavato gli occhi con le dita.

Partite le donne, e quietatosi alquanto il Re, Bertoldo, ch'era stato in disparte ad ascoltare il tutto, essendogli riuscito il suo disegno si fece ridendo innanzi al Re e gli disse:

---

1. **s'appartiene**: ti riguarda.
2. **non hai punto di cervello**: non sei piú capace di ragionare.
3. **dinotare**: dire.
4. **consumamento**: disfacimento.
5. **secondo**: per quel.

Bertoldo. Che dici, o Re? Non ti diss'io che, prima che tu andassi a letto il giorno d'oggi, tu leggeresti il libro alla roversa di questo che ieri dicesti in lode delle donne? Or vedi ch'elle ti hanno chiarito.

Re. O che cervelli diabolici, andar a trovare inventiva ch'io abbia ordinato che ogni uomo debba prendere sette mogli, cosa che mai non m'immaginai, né pure me la sognai. O che mal seme, o che crudel razza!

Bertoldo. Tu sai i patti che sono fra te e me.

Re. Tu hai molto ben ragione; però vien, siedi meco[1] su questo seggio regale, poiché tu l'hai meritato.

Bertoldo. Non ponno capire[2] quattro natiche in un istesso seggio.

Re. Io ne farò fare un altro appresso di questo, e vi sederai su, e darai udienza come me.

Bertoldo. Né amore, né signoria, non vuole compagnia; però governa pur tu, che sei Signore.

Re. Io dubito che tu sia stato l'autore di questo fracasso.

Bertoldo. Tu l'hai indovinato alla prima[3] , e non mi puoi castigare altrimente[4] , perch'io mi son ingegnato per adempire quanto avea promesso di fare.

Re. Orsú, poiché questa è stata tua invenzione, io ti perdono; ma come tu hai ordita questa diavoleria?

Bertoldo. Io sono andato a trovar colei alla quale tu concedesti lo specchio, e gli ho dato da intendere che tu volevi di nuovo farlo spezzare, e darne la metà alla sua avversaria, e di piú che tu avevi ordinato che ogni uomo pigliasse sette mogli; e perciò costei aveva radunato cosí gran numero di femmine insieme, e hanno fatto lo schiamazzo che tu hai sentito.

---

1. **meco**: con me.
2. **non ponno capire**: non possono starci.
3. **alla prima**: subito.
4. **altrimente**: d'altro canto.

OSSERVAZIONI E PROPOSTE DI LAVORO

RIFLETTI E RISPONDI

Il re, che aveva precedentemente lodato il sesso femminile, scarica in un secondo tempo sulle donne accuse e improperi terribili.

- Il repentino cambiamento di giudizio del re ha qualche motivazione razionale o, al contrario, è una reazione impulsiva alla collera delle donne?
- Che cosa nel comportamento delle donne aveva condotto all'esasperazione il sovrano?
- **Bertoldo, il gruppo delle donne, Alboino**: chi, a tuo parere, è maggiormente responsabile dell'accaduto?
- Qual è la colpa di Bertoldo? E quella rispettivamente delle donne e di Alboino?

«...seme ribaldo e importuno...», «...donna non vuol dinotare altro che danno...»

- Sottolinea nel testo gli insulti profferiti dal re al cospetto della donna. Cerchia con un colore contrastante le espressioni che anche tu, in qualche occasione, hai udito usare verso le donne.
- Conosci proverbi, o detti, che contengono pregiudizi nei confronti delle donne?

DOCUMENTATI E RISPONDI

«...andar a trovar inventiva ch'io abbia ordinato che ogni uomo debba prender sette mogli,...»

- Presso i Longobardi era ammessa la poligamia? E presso i Romani?
- Come si comportava un re che desiderava cambiar moglie?
- Un episodio, a metà tra aneddoto e leggenda, della storia del popolo longobardo è legato ad un matrimonio "politico" dall'esito infelice. Informati su chi era Rosmunda, moglie, guarda caso, del nostro Alboino, e su quale fu il suo ruolo storico.

Il Re si pente di aver detto male delle donne, onde torna di nuovo a lodarle

Re. Tu sei stato un grand'inventore, ma però di malizia, e tu hai quasi causato un grande disordine oggi, e hanno avuto mille ragioni, non che una, a muoversi ad ira contro di me, e non potevo credere che il sesso donnesco fosse cosí privo di cervello, che si muovesse a far tanto rumore senza grandissima cagione[1] ; e qual maggior occasione di questa gli potevi tu dare a farle irritare verso di me? E a me parimente[2] hai dato occasione di dire contro di loro quello ch'io non vorrei aver detto per tutto l'oro del mondo, ed ora son dolente e pentito, e torno a dire che la donna è un fonte di virtú, un fiume di bontà, un giardino[3] di costumi, un monte di benignità, un prato di gentilezza, un campo di cortesia, un specchio di prudenza, una torre di magnanimità[4] , un mare di pudicizia e un fermo[5] scoglio di costanza e di fermezza; però chi vuol essere mio amico non dica male delle donne, perch'elle non offendono alcuno, non portano armi, non cercano risse, ma sono tutte mansuete, placide, benigne e quiete, amabili ed ornate di tutte le creanze; sí che non incitar piú l'ira mia verso di loro, perché io ti farò dare condegno[6] castigo.

Bertoldo. Io non toccherò piú le corde di questa cittera[7] , ma attenderemo ad altro, e saremo amici.

Re. Sí, perché dice il proverbio: sta' discosto[8] all'acqua[9] corrente e da can che mostra il dente.

Bertoldo. Ancora l'acqua cheta, e l'uomo che tace, non mi piace.

---

1. **cagione**: ragione, motivo.
2. **parimente**: ugualmente.
3. **un giardino di costumi**: il re usa come paragone per il rapporto tra donna e virtú il giardino ed i fiori che l'adornano.
4. **magnanimità**: generosità.
5. **fermo**: sicuro.
6. **condegno**: adeguato, proporzionato.
7. **cittera**: cetra, strumento musicale a corde.
8. **sta' discosto**: stai distante.
9. **all'**: dall'.

La Regina manda a domandar Bertoldo al Re, perché lo vuol vedere

Mentre ragionavano cosí familiarmente il Re e Bertoldo, giunse un messo da parte della Regina, il quale disse al Re come la Regina desiderava di vedere Bertoldo, pregando Sua Maestà a mandarglielo; e perché ella aveva inteso che costui si pigliava spasso a burlar le donne, aveva fatto pensiero di farlo bastonare ben bene; onde il Re, udito la dimanda della Regina, volto a Bertoldo, gli disse:

Re. La Regina ha mandato a domandarti. Ecco il messo, il quale è venuto apposta, ch'ella brama di vederti.

Bertoldo. Tanto per male, quanto per bene si portano le ambasciate.

Re. La coscienza sempre rimorde l'uomo tristo.

Bertoldo. Il riso della corte non si confà[1] con quello della villa.

Re. L'innocente passa libero fra le bombarde[2].

Bertoldo. La donna irata, la fiamma impicciata[3] e la padella forata son di gran danno in casa.

Re. Spesso interviene[4] all'uomo tristo quello ch'ei teme.

Bertoldo. Il gambaro spesse volte salta fuora della padella per salvarsi, e si trova nelle bragie.

Re. Chi semina iniquità, raccoglie de' mali.

Bertoldo. Sotto la scuffia bianca spesso vi sta la tigna ascosa.

Re. Chi ha intricato la tela, la destriga.

Bertoldo. Mal si può destricare, quando i capi sono avviluppati.

Re. Chi semina le spine non vada senza scarpe.

Bertoldo. Non si può combattere contra piú forti di sé.

Re. Non temere che alcuno ti faccia oltraggio.

Bertoldo. Al buon confortatore non duole il capo.

Re. Temi tu forse che la Regina ti faccia dispiacere?

Bertoldo. Donna iraconda, mar senza sponda.

---

1. **si confà**: si addice.
2. **bombarde**: termine generico usato anticamente per le bocche da fuoco; mortaio, catapulta, lanciabombe.
3. **impicciata**: che non può ardere.
4. **interviene**: capita, succede.

Re. La Regina è tutta piacevole e brama di vederti; però va' via allegramente, e non dubitare.
Bertoldo. In ultimo se ne dirà, e tal ride, che piangerà.

Bertoldo è condotto dalla Regina

Cosí Bertoldo fu condotto dalla Regina, la quale avendo inteso, come vi dissi, la burla fatta a quelle donne il giorno innanzi, aveva fatto preparare alquanti bastoni e commesso alle sue donne che, serratolo in una camera, gli sbattessero ben bene la polvere di su 'l mantello[1] ; e, subito ch'essa lo vide, mirando quel mostruoso aspetto, tutta sdegnata disse:
Regina. Mira che ceffo di babuino.
Bertoldo. Il laveggio[2] grida dietro la padella.
Regina. Come t'addimandi tu?
Bertoldo. Io non domando nulla.
Regina. Come ti chiami?
Bertoldo. Chi mi chiama, io gli rispondo.
Regina. Dico, come tu ti appelli?
Bertoldo. Io non mi sono mai pelato[3] , ch'io mi ricordi.
Mentre che la Regina interrogava Bertoldo, una delle serve portò di nascosto un vaso pieno d'acqua, per fargli batter dentro il sedere, ma il villano astuto, accortosi di ciò, stava molto bene avvertito, e subito pensò una nuova astuzia, seguitando pur la Regina il suo parlare.

Astuzia di Bertoldo, perché non gli fosse bagnato il podice

Regina. Come sai tu tante astuzie, che tu pari un indovino.
Bertoldo. Ogni volta che mi vien adacquato[4] il sedere, io indovino ogni cosa, e so se una donna fa l'amore, e se ella ha mai fatto errore con alcuno, e s'ella è casta ovvero impudica, e insomma io indovino ogni cosa, e, se vi fosse

1. **gli sbattessero... mantello**: lo pestassero ben bene.
2. **laveggio**: paiolo, bacile di rame.
3. **pelato**: gioco di parole tra appellare, chiamare per nome, e pelare, sbucciare.
4. **adacquato**: bagnato.

chi mi volesse bagnar di dietro, io saprei dir ogni cosa adesso adesso.

Bertoldo scampa la furia dell'acqua

Allora quella serva che aveva portato il secchio con l'acqua per bagnarlo, udendo tal parola, lo portò via pian piano, per sospetto di non esser scoperta di qualche macchia; né ve ne fu alcuna che ardisse di fargli scherzo alcuno, perché tutte avevano, come si suol dire, qualche straccio in bucato. Ma la Regina, che ardeva di sdegno contro di costui, impose che esse pigliassero un bastone per ciascheduna in mano, e lo bastonassero ben bene; ond'esse se gli avventarono[1] addosso con maggior impeto che[2] non fecero le furiose Baccanti[3] addosso al misero Orfeo[4]. Onde vedendosi il povero Bertoldo in cosí gran pericolo, ricorse di nuovo all'usata[5] astuzia, e rivolto a loro cosí disse:

Nuova astuzia di Bertoldo per non esser bastonato

Bertoldo. Quella di voi che ha trattato[6] di avvelenar il Re alla mensa, quella sia la prima a pigliare il legno e percuotermi, ch'io mi contento.

Allora tutte s'incominciarono a guardare l'una con l'altra, dicendo: Io non ho mai pensato di far questo; né io, rispondeva l'altra, e cosí di mano in mano risposero tutte, e per sino (al)la[7] Regina; a tale, ch'esse[8] tornarono i bastoni al suo luogo[9] , e il sagacissimo e buon Bertoldo restò illeso da quelle aspre percosse per allora.

---

1. **se gli avventarono**: gli si avventarono.
2. **che**: di quel che.
3. **Baccanti**: sacerdotesse del dio Bacco che correvano ovunque invasate dal furore celebrando riti orgiastici.
4. **Orfeo**: personaggio mitologico greco, cantore figlio di Apollo.
5. **usata**: solita.
6. **ha trattato**: ha tentato.
7. **(al) la**: la.
8. **a tale, ch'esse**: dimodoché.
9. **tornarono i bastoni al suo luogo**: rimisero i bastoni a posto.

OSSERVAZIONI E PROPOSTE DI LAVORO

RIFLETTI E RISPONDI

Le disavventure di Bertoldo e del re con le donne continuano.

- Rileggi la pagina nella quale *«La Regina manda a domandar Bertoldo al Re, perché lo vuol vedere»*. La sovrana come motiva la sua richiesta al consorte?
- Secondo te, perché la regina non dice al re la verità sulle reali intenzioni nei confronti di Bertoldo?

Al re si può riconoscere equilibrio e saggezza. Talvolta però...

- Alboino non intuisce le reali intenzioni della regina per ingenuità, stupidità o... che altro?
- Ma allora è vero che le donne sono piú astute degli uomini e quasi sempre li convincono con l'inganno ad assecondare tutti i loro desideri? Giustifica la tua risposta.
- Anche Bertoldo ha la meglio sul re grazie all'astuzia e alla beffa.
  Che cos'hanno in comune le donne e Bertoldo? Quali elementi diabolici troviamo nelle caratteristiche attribuite loro?

«Ogni volta che mi vien adacquato il sedere, io indovino ogni cosa, ...e se vi fosse chi mi volesse bagnar di dietro, io saprei dir ogni cosa adesso adesso.»

- A quale nuova astuzia ricorre Bertoldo per salvarsi dall'ira della regina?
- Quale pena rischiava di dover sopportare il nostro personaggio? Che significato aveva un simile castigo?

DOCUMENTATI E RISPONDI

La storia del Croce ricorda in questo frangente la favola "Il vestito nuovo dell'imperatore" dei fratelli Grimm.

- Cerca questo testo e sintetizzalo brevemente. Chi sono i protagonisti? Quali differenze rilevi tra la situazione narrata da Croce e quella raccontata dai Grimm?
- Quali verità sottintendono entrambe le storie?

La Regina brama che Bertoldo sia bastonato per ogni modo

La Regina, che tuttavia ardeva di sdegno contra[1] Bertoldo, e volendo per ogni modo[2] ch'ei fosse bastonato, mandò a dire alle sue guardie che nell'uscir fuora[3] lo bastonassero senza remissione alcuna, e lo fece accompagnare a[4] quattro de i suoi servi, i quali poi gli[5] portassero la nova[6] di tutto quello ch'era successo.

Astuzia sottilissima di Bertoldo per non essere percosso dalle guardie

Quando Bertoldo vide che in modo alcuno non le poteva fuggire, ricorse all'astuto giudicio[7] e, volto alla Regina, disse: Poi ch'io veggio chiaramente che pur[8] tu vuoi ch'io sia bastonato, fammi questa grazia, ti prego in cortesia, che la domanda è onesta e la puoi fare, in ogni modo a te non importa, pur ch'io sia bastonato: di' a questi tuoi, che mi vengono accompagnare, che dicano alle guardie che portino rispetto al capo, e che elle menino poi il resto alla peggio[9].

La Regina, non intendendo la metafora[10] , comandò a coloro che dicessero alle guardie che portassero rispetto al capo e che menassero il resto alla peggio che sapevano; e cosí costoro, con Bertoldo innanzi, s'inviarono verso le guardie, le quali avevano di già i legni in mano per servirlo della buona fatta; onde Bertoldo incominciò a camminare innanzi agli altri di buon passo, che era discosto da loro un

---

1. **contra**: contro.
2. **per ogni modo**: comunque, a qualunque costo.
3. **nell'uscir fuora**: quando Bertoldo fosse uscito.
4. **a**: da.
5. **gli**: le.
6. **nova**: notizia, racconto.
7. **all'astuto giudicio**: all'arguzia.
8. **pur**: comunque.
9. **che elle menino poi il resto alla peggio**: che colpiscano con forza ciò che rimane.
10. **metafora**: figura retorica per la quale si trasporta un vocabolo dal senso proprio a un senso figurato; allegoria, traslato.

buon tratto di mano. Quando coloro che l'accompagnavano videro le guardie all'ordine per far il fatto, ed essendo ormai Bertoldo arrivato da quelle, cominciarono a discosto a gridare che portassero rispetto al capo e che poi menassero il resto alla peggio, ché cosí aveva ordinato la Regina.

I servi sono bastonati in cambio di Bertoldo

Le guardie vedendo Bertoldo innanzi agli altri, pensando che esso fosse il capo di tutti, lo lasciarono passare senza fargli offesa alcuna, e quando giunsero i servi li cominciarono a tempestare di maniera, con quei bastoni, che gli ruppero le braccia e la testa, e insomma non vi fu membro né osso che non avesse la sua ricercata[1] di bastone. Cosí tutti pesti e fracassati tornarono alla Regina, la quale, avendo udito che Bertoldo con tale astuzia s'era salvato, e aveva fatto bastonare i servi in suo luogo, arse verso di lui di doppio sdegno e giurò di volersene vendicare, ma per allora celò lo sdegno che ella aveva, aspettando nuova occasione, facendo intanto medicare i servi, i quali, come vi dissi, erano stati acconci[2] per le feste, come si suol dire.

Bertoldo torna dal Re
e fa una burla a un parasito

Venuto l'altro giorno, la sala regale s'incominciò a empire di cavalieri e baroni, secondo il solito, e Bertoldo non mancò di comparire al modo usato; laonde vedutolo il Re, lo chiamò a sé e disse:

Re. Ebbene, come passò il negozio fra te e la Regina?

Bertoldo. Dall'orlo alle scarpe vi fu poco vantaggio.

Re. Il mare era molto turbato.

Bertoldo. Chi sa ben veleggiare passa ogni golfo sicuramente.

Re. Il cielo minacciava gran tempesta.

---

1. **ricercata**: ripassata.
2. **acconci**: conciati.

Bertoldo. La tempesta s'è scaricata sopra d'altri.
Re. Credi tu che sia tornato sereno?
Bertoldo. Io lasciai il cielo molto nuvoloso.

Insolenza d'un parasito

Allora un parasito[1] che stava appresso il Re, il quale serviva ancora per far ridere, e si chiamava Fagotto per essere egli uomo grosso, picciolo[2] di statura, con il capo calvo, disse al re: Di grazia, Signore, fammi grazia ch'io ragioni un poco con questo villano, ch'io lo voglio chiarire[3]. Disse il Re a lui: Fa' quello che ti pare; ma guarda a non fare come fece Benvenuto, il quale andò per radere e fu raduto[4]. No, no (rispose Fagotto), io non ho paura di lui; e, volto verso Bertoldo, con un ceffo stravagante le disse:

Fagotto. Che dici tu, barbagianni caduto dal nido?
Bertoldo. Con chi parli tu, allocco spennacchiato?
Fagotto. Quante miglia sono dal far della luna[5] ai Bagni di Lucca?
Bertoldo. Quanto fai tu dal calderone della broda[6] alla stalla?
Fagotto. Per che causa fa la gallina negra l'ova bianche?
Bertoldo. Per che causa il staffile[7] del Re fa venire nere a te le chiappe di Fabriano?
Fagotto. Chi sono piú, i Turchi, o gli Ebrei?
Bertoldo. Chi sono piú, quelli che tu hai nella camicia, o nelle brache[8] ?

---

1. **parasito**: i parassiti nell'antica Grecia erano assistenti ai templi che, nei giorni di solennità, dovevano apprestare il banchetto e poi sedersi a mensa con i sacerdoti; leccapiatti, mangiaminestra, mangiaufo, scrocconi.
2. **picciolo**: piccolo.
3. **chiarire**: capire bene, sbugiardare.
4. **raduto**: rasato.
5. **dal far della luna**: da dove sorge la luna.
6. **broda**: generalmente l'acqua dove sono stati cotti legumi, maccheroni e simili; minestra o bevanda scipite.
7. **staffile**: striscia, per lo piú di cuoio, per mezzo della quale la staffa sta appesa alla sella; sorta di frusta.
8. **brache**: calzoni.

Fagotto. Il villano e l'asino nacquero tutti due a un parto istesso[1].

Bertoldo. Il gnattone[2] e il porco mangiano tutti due ad un'istessa conca.

Fagotto. Quant'è che tu non hai mangiato rape?

Bertoldo. Quant'è che non t'è stato dato la coperta?

Fagotto. Sei tu un bufalo, o una pecora?

Bertoldo. Non mettere in ballo i tuoi parenti.

Fagotto. Fin quando starai tu a lasciar da parte le tue astuzie?

Bertoldo. Quando tu lascerai stare di leccare i piatti di cucina.

Fagotto. Al villano non gli dar bacchetta in mano.

Bertoldo. Al porco e alla rana non gli levare il fango.

Fagotto. Il corvo mai non portò nuova buona.

Bertoldo. Il nibbio e l'avoltore[3] vanno sempre dietro le carogne.

Fagotto. Io sono uomo da bene e ben creato.

Bertoldo. Chi si loda s'imbroda.

Fagotto. Il villano è un mal animale.

Bertoldo. E l'adulatore è un brutto mostro.

Fagotto. Non fu mai villano senza malizia.

Bertoldo. Non fu mai gallo senza cresta, né parasito senza adulazione.

Fagotto. Le tue scarpe hanno aperta la bocca.

Bertoldo. Le ridono di te, che sei una bestia.

Fagotto. Le tue calze sono tutte rappezzate.

Bertoldo. Meglio è avere rappezzate[4] le calze, che il mostaccio[5] come hai tu.

Aveva costui molti segni su la faccia, che gli erano stati dati per suo benemerito[6] ; dove che, sentendosi toccare sul vivo, né sapendo che si rispondere[7] , venne[8] rosso in viso come

1. **a un parto istesso**: dallo stesso parto; con natura comune.
2. **gnattone**: mangione, abbuffone.
3. **avoltore**: avvoltoio.
4. **rappezzate**: rammendate e coperte di pezze.
5. **mostaccio**: ceffo, muso, grugno.
6. **per suo benemerito**: perché se li era meritati.
7. **che si rispondere**: che cosa rispondere.
8. **venne**: divenne.

il fuoco, per vergogna, tanto piú che tutta la corte cominciò a ridere di questo motto, onde cominciossi[1] ad acchetare; e volentieri si sarìa partito, se quei cavalieri non l'avessero trattenuto.
Ma Bertoldo, che per aver ragionato assai aveva la bocca piena di saliva, né sapendo dove sputare essendo ornata la sala tutta e le pareti di panni di seta e d'oro, disse al Re: Dove vuoi tu ch'io sputi? Disse il Re: Va', sputa in piazza. Allora Bertoldo voltosi verso Fagotto, qual era tutto calvo, come già vi dissi, gli sputò in mezzo della testa, onde costui alterato si querelò innanzi al Re dell'ingiuria fatta. Disse Bertoldo: Il Re m'ha dato licenza ch'io sputi in piazza; e qual è la piú bella piazza[2] quanto la tua testa?
Non si dice per proverbio: testa calva, piazza da pidocchi? Ecco dunque ch'io non ho fatto errore alcuno e che io ho sputato in piazza, secondo la commissione[3] del Re.
Tutta la corte diede ragione a Bertoldo, e Fagotto spazzandosi[4] la zucca convenne[5] aver pazienza; e avrebbe voluto esser digiuno di essersi mai impacciato con lui, e tutti n'ebbero gran piacere, perché costui faceva professione di bellissimo ingegno e dava delle canzoni[6] a tutti, e ora non ardiva appena di alzare piú gli occhi per vergogna, e fu quasi per andarsi a impiccare per il dispiacere. E perché era sera il Re accomiatò tutti i suoi baroni e disse a Bertoldo che tornasse da lui il dí seguente, ma che non fosse né nudo, né vestito.

Astuzia galante di Bertoldo nel tornare dinanzi al Re nel modo ch'ei gli aveva detto

Venuta la mattina, Bertoldo comparve alla presenza del Re involto in una rete da pescare, e il Re, vedutolo a quella maniera, gli disse:
Re. Perché sei comparso cosí alla presenza mia?

---

1. **cominciossi**: si cominciò.
2. **qual è la piú bella piazza quanto**: quale piazza è piú bella.
3. **commissione**: ordine.
4. **spazzandosi**: pulendosi.
5. **convenne**: si convinse che era meglio.
6. **dava delle canzoni**: canzonava, scherniva.

OSSERVAZIONI E PROPOSTE DI LAVORO

LA SATIRA NEGATIVA DI TEOFILO FOLENGO

Nel campo della letteratura popolare — quella che annovera il filone comico-burlesco al quale appartiene anche il "Bertoldo" — possiamo rintracciare due tipi di satira: una negativa e l'altra positiva. Del "Bertoldo" abbiamo già detto che aderí al genere positivo per quel richiamo continuo all'arguzia del villano che riesce a beffare tutto e tutti, persino l'autorità del re. Nella produzione satirico-negativa il mondo dei contadini viene fatto oggetto delle burle e del sarcastico disprezzo di autori generalmente al servizio delle corti signorili cittadine.

DOCUMENTATI E RISPONDI

- Come era divisa la penisola italiana al tempo di Giulio Cesare Croce?
- Nel XV secolo qual era la condizione dei contadini in Italia? Quali innovazioni tecnologiche erano state introdotte in epoca rinascimentale? Chi ne aveva beneficiato?
- Qual era la situazione delle città nella nostra penisola?

Tra gli scrittori del Cinquecento, un autore di satira negativa è Teofilo Folengo.

- Documentati e scrivi una breve scheda biografica.
- Il Folengo può essere considerato un cantastorie o un autore colto?
- L'opera piú importante del Folengo sono le sapide *"Maccaronee"*. Di che cosa si tratta?

Il capolavoro delle "Maccaronee" è il "Baldus".

- Sintetizza brevemente il contenuto del poema.
- Folengo scrive le sue opere in latino maccheronico. Di che latino si tratta, grossolano o raffinato?
- Ricerca uno stralcio dell'opera e confronta la lingua con quella del Bertoldo. Che differenze e somiglianze puoi rilevare?

Bertoldo. Non dicesti tu, ch'io tornassi a te questa mane[1] , e che io non fossi né nudo, né vestito?

Re. Sí, dissi.

Bertoldo. Ed eccomi involto in questa rete, con la quale parte copro delle membra, e parte restano scoperte.

Re. Dove sei stato fino ad ora?

Bertoldo. Dove son stato piú non sono, e dove son ora non vi può stare altri che me.

Re. Che cosa fa tuo padre, tua madre, tuo fratello e tua sorella?

Bertoldo. Mio padre d'un danno ne fa due; mia madre fa alla sua vicina quello che non gli farà mai piú; mio fratello tanti ne trova, tanti ne ammazza; e mia sorella piange di quello ch'ella ha riso tutto quest'anno.

Re. Dichiarami[2] questo imbroglio.

Bertoldo. Mio padre nel campo, desiderando di chiudere un sentiero, pone degli spini; onde quelli che solevano passare per detto sentiero, passano or di qua, or di là dai detti spini, a tale che[3] d'un sentiero, che vi era, ne viene a far due. Mia madre serra[4] gli occhi a una sua vicina che muore, cosa che non gli farà mai piú. Mio fratello, stando al sole, ammazza quanti pedocchi trova nella camicia. Mia sorella tutto quest'anno s'è data al trastullo con il suo marito, ed ora piange nel letto i dolori del parto.

Re. Qual è il piú lungo giorno che sia?

Bertoldo. Quello che si sta senza mangiare.

Re. Qual è la piú gran pazzia dell'uomo?

Bertoldo. Il reputarsi savio.

Re. Per che causa vien piú presto canuta la testa, che la barba?

Bertoldo. Perché i capelli son nati prima della barba.

Re. Qual è quel figlio che pela la barba a sua madre?

Bertoldo. Il fuso.

Re. Qual è quell'erba che fin i ciechi la conoscono?

Bertoldo. L'ortica.

---

1. **mane**: mattina.
2. **dichiarami**: rivelami, spiegami.
3. **a tale che**: di modo che.
4. **serra**: chiude.

Re. Qual è quella femmina che balla sempre nell'acqua, e mai non si lava i piedi?
Bertoldo. La barca.
Re. Qual è colui che si serra in prigione di sua posta[1] ?
Bertoldo. Il bigatto[2] , o cavaliero da seta.
Re. Qual è il piú tristo fiore che sia?
Bertoldo. Quello ch'esce dalla botte quando si finisce il vino.
Re. Qual è la piú sfacciata cosa che sia?
Bertoldo. Il vento, che si caccia fin sotto i panni delle donne.
Re. Qual è colei che nessun non la vuole in casa?
Bertoldo. La colpa.
Re. Qual è quel storto[3] che taglia le gambe a tutti i dritti?
Bertoldo. Il ferro, ovvero falce da mietere il grano.
Re. Qual è la piú grama femina che sia?
Bertoldo. La gramma[4] da fare il pane.
Re. Quanti anni hai tu?
Bertoldo. Chi numera gli anni fa conto[5] con la morte.
Re. Qual è la piú bianca cosa che sia?
Bertoldo. Il giorno.
Re. Piú del latte?
Bertoldo. Piú del latte, e della neve ancora.
Re. Se tu non mi fai vedere questo, io ti voglio far battere duramente.
Bertoldo. O infelicità, o miseria delle corti.

Astuzia ingegnosa di Bertoldo per non aver delle busse

Andò dunque Bertoldo e prese un secchio di latte, e secretamente[6] lo portò nella camera del Re, e serrò tutte le finestre, ed era mezzogiorno, ed entrando il Re nella

1. **di sua posta**: per sua volontà.
2. **bigatto**: nome con cui in diverse località italiane si chiama il baco da seta.
3. **quel storto**: quella cosa storta.
4. **gramma**: gramola; arnese che serviva ai pastai per battere e assodare la pasta.
5. **fa conto**: fa i conti; conta il tempo che gli resta da vivere.
6. **secretamente**: segretamente, di nascosto.

camera venne a urtare nel detto secchio di latte e lo rovesciò tutto, e poco vi mancò ch'ei non cadesse con la faccia per terra; onde tutto irato fece aprire i balconi e, vedendo quel latte sparso per terra ed esso avere urtato in quel secchio, cominciò a gridare, dicendo:

Re. Chi è stato colui che ha posto quel secchio di latte nella camera mia, e ha serrato le finestre acciò[1] ch'io v'urti dentro?

Bertoldo. Sono stato quell'io, per provarti che il giorno è piú bianco e piú chiaro del latte; perché se il latte fosse stato piú bianco del giorno, egli t'avria[2] fatto lume per la camera, e non avresti urtato nel secchio, come hai fatto.

Re. Tu sei un astuto villano, e a ogni cesto trovi il suo manico. Ma chi è questo, che viene qua? Costui è un messo della Regina, certo, e ha una lettera in mano. Tirati un poco da banda, ch'io intenda[3] quello che dice costui.

Bertoldo. Io mi ritiro, e il ciel voglia ch'ella non sia trista nuova per me.

Umor fantastico saltato nel capo alle donne della città

Venne dunque il messo innanzi e, fatta la debita riverenza al Re, gli porse la carta in mano, il cui contenuto era questo, che le matrone[4] di quella città, cioè le piú nobili, bramavano, anzi dimandavano liberamente al Re di potere esse ancora entrare ne' consigli e reggimento[5] della città, come erano i loro mariti, e metter fave[6] e balottare[7], e udire le querele e

1. **acciò**: affinché.
2. **t'avria**: t'avrebbe.
3. **intenda**: senta.
4. **matrone**: titolo onorifico delle dame dell'antica Roma; donne autorevoli per età e nobiltà; in senso ironico, il termine indica una donna che ostenta maniere gravi e solenni.
5. **ne' consigli e reggimento**: nelle cariche politiche e amministrative.
6. **fave**: la fava, grosso frutto a forma cilindrica dell'omonima pianta, era anticamente utilizzato nelle votazioni: la fava nera indicava voto sfavorevole, la fava bianca quello favorevole.
7. **balottare**: ballottare; mettere ai voti.

sentenziare, e in conclusione di fare anch'esse tutto quello che facevano quelli del Senato e primati[1] della città, allegando[2] che v'erano state dell'altre che avevano retto imperi e regni con tanta prudenza[3], e piú talora[4] che non avevano fatto molti re e imperatori passati, e che molte erano uscite alla campagna armate e avevano difeso i loro stati e regni valorosamente, e che perciò il Re non doveva rifiutarle, ma accettarle e far partecipi ancora loro di quanto addimandavano, perché pur loro pareva strana cosa che gli uomini avessero il dominio d'ogni cosa e che esse fossero tenute per nulla[5]; alludendo al fine che tanto esse sariano secrete[6] nelle cose d'importanza, quanto gli uomini, e forse piú, e di ciò la Regina faceva molta instanza[7], raccomandandogli caldamente tal negozio[8]. Letto il Re la lettera e inteso la pazza domanda di quelle femine, non sapeva che risoluzione si dovesse prendere; onde volto a Bertoldo gli narrò tutto il fatto; il quale prese fortemente a ridere, onde il Re alterato alquanto gli disse:

Re. Tu ridi, manigoldo?

Bertoldo. Io rido per certo, e chi non ridesse adesso, meriterebbe che gli fossero cavati tutti i denti.

Re. Perché?

Bertoldo. Perché queste donne ti hanno scorto[9] per un babuino, e non per Alboino, e per questo elle ti hanno fatto questa pazza domanda.

Re. A loro sta il domandare, a me il servirle.

Bertoldo. Tristo[10] quel cane che si lascia prendere la coda in mano.

---

1. **primati**: gli uomini piú importanti, i dignitari, i maggiorenti.
2. **allegando**: aggiungendo.
3. **prudenza**: saggezza.
4. **e piú talora**: e talvolta molto meglio.
5. **tenute per nulla**: prese in scarsa considerazione.
6. **sariano secrete**: sarebbero state capaci di mantenere i segreti.
7. **instanza**: istanza; richiesta formulata con perseveranza; supplica.
8. **negozio**: faccenda che richiede una contrattazione; affare.
9. **ti hanno scorto**: ti hanno scambiato.
10. **tristo**: sciagurato.

Re. Parla, ch'io t'intenda.

Bertoldo. Triste quelle case, che le galline cantano e il gallo tace.

Re. Tu sei come il sole di marzo, che commove e non risolve[1].

Bertoldo. A buono intenditore poche parole bastano.

Re. Cavamela fuori dal sacco una volta.

Bertoldo. Chi vuol tener la casa monda[2] , non tenga polli né colombe.

Re. A proposito, chiodo da carro, vieni alla conclusione.

Bertoldo. Chi intende, chi non intende e chi non vuol intendere.

Re. Chi s'impaccia con frasche, la minestra sa di fumo.

Bertoldo. Che cosa vuoi tu da me, insomma?

Re. Io voglio il tuo consiglio in questa occasione.

Bertoldo. La formica chiede del pane alla cicala, adesso.

Re. So che tu hai ingegno e che tu sei copioso[3] d'invenzioni, e però io voglio dare a te l'assunto[4] di tutto questo negozio.

Bertoldo. Se a me dai l'assunto di questo, non ti dubitare che presto te lo caverò da torno; lassa[5] pur fare a me, che s'elle ti parlano mai piú di questo fatto, io sono un cane.

Re. Orsú ingegnati di espedirle[6] quanto prima.

Bertoldo. Lassa pur fare a me.

Astuzia di Bertoldo per cavare questo capriccio dal capo alle dette femmine

Andò dunque Bertoldo in piazza e comprò un uccelletto, e lo pose in una scatola e portollo[7] al Re, dicendo che mandasse quella scatola cosí serrata alla Regina, e che essa

1. **che commove e non risolve**: che dà solamente l'illusione che sia finalmente giunta la bella stagione.
2. **monda**: pulita.
3. **copioso**: ricco; abbondante.
4. **assunto**: incarico, compito.
5. **lassa**: lascia.
6. **espedirle**: mandarle via, congedarle.
7. **portollo**: lo portò.

la mandasse a quelle donne, e che gli commettesse[1] espressamente che non l'aprissero e che la mattina seguente tornassero e che portassero la scatola cosí serrata, che il Re gli farebbe loro la grazia di quanto chiedevano. Il messo prese la scatola e la portò alla Regina, la quale consegnò alle dette matrone, che in camera di lei stavano aspettare la risposta, commettendole espressamente da parte del Re che non dovessero in modo alcuno aprir la detta scatola, e che tornassero il dí seguente, ch'elle avriano ottenuto tutto quello ch'esse desideravano dal Re; e cosí si partirono tutte consolate dalla Regina.

Curiosità di cervelli donneschi

Partite che furono le dette femine dalla Regina, gli venne gran desiderio di vedere quello ch'era in detta scatola, e cominciarono l'una con l'altra a dire: vogliamo noi veder quello che si rinchiude qui dentro? Altre dicevano: non facciamo, perché abbiamo espressa commissione di non aprirla, perché forse v'è dentro qualche cosa importante per il Re. Che cosa vi può egli essere?[2] dicevano le piú curiose; e poi, se non l'apriamo, non sapremo ancora serrarla, com'ella sta? Sí, sí, apriamola pure, e siaci[3] dentro quello che si voglia.

Risoluzione di donne

Al fine, dopo molti bisbigli fatti fra di loro, si risolsero di aprirla, né cosí tosto ebbero levato il coperchio, che l'uccello che v'era dentro spiegò l'ali e si levò in aere e volò via; onde ne restarono tutte confuse e di mala voglia[4] , e tanto piú poiché esse non poterono vedere che uccello si fosse[5] quello, perché con tanta velocità se gli levò di vista[6] , che non poterono discernere s'egli era o passero o rosignuolo[7] ,

---

1. **commettesse**: ordinasse.
2. **egli essere**: esserci lí dentro.
3. **siaci**: ci sia.
4. **e di mala voglia**: depresse, sconfortate.
5. **si fosse**: fosse.
6. **se gli levò di vista**: sparí dalla loro visuale.
7. **rosignuolo**: usignolo.

perché se l'avessero veduto, avrebbero forse fatto instanza di averne uno simile a quello, e la mattina che seguiva avriano portato la scatola come l'avevano avuta, e non vi saria stato male alcuno.

Dolore delle dette donne per essergli scampato[1] via l'uccello

Stavano dunque tutte dolenti e malenconiche queste povere madonne[2], per aver perso il detto uccello, e riprendendo la sua curiosità dicevano: Meschine noi, come avremo piú faccia di tornare innanzi al Re, poiché non abbiamo osservato il suo comandamento, né abbiamo solo potuto tener stretto l'uccello per una notte. Misere e sconsolate noi, che animo, che ardire sarà il nostro domattina? Cosí passarono tutta quella notte con dolore ed angustia, né si sapevano risolvere se dovevano tornare il dí seguente innanzi al Re, o pur[3] starsene a casa.

Risoluzione di donne animose

Passata la notte e tornato il giorno chiaro, le dette donne si levarono e si ridussero[4] insieme, e come disperate non sapevano che partito si dovessero[5] pigliare circa il tornare piú alla presenza del Re, per l'errore commesso; e parimenti stavano in dubbio se dovevano tornare dalla Regina, o sí o no, chi diceva a[6] un modo e chi a un altro, chi persuadeva di andare, chi di restare. Alfine, dopo molti parlamenti[7], si fece innanzi una di loro, che aveva un poco piú gagliardo[8]

1. **scampato via**: scappato, volato via.
2. **madonne**: anticamente il termine madonna significò un titolo d'onore per le donne onorabili e virtuose.
3. **pur**: invece, al contrario.
4. **si ridussero**: si riunirono.
5. **si dovessero**: dovessero.
6. **a**: in.
7. **parlamenti**: consultazioni, scambi di opinioni.
8. **che aveva un poco piú gagliardo (di) cervel**: che aveva un'intelligenza piú fervida e brillante.

(di) cervel di tutte l'altre, e disse: A che[1] perdere piú tempo in[2] far tante chiacchere fra noi? L'errore è già fatto, né si può coprire, né manco emendare, se non con chiedere perdono al Re e confessare liberamente il fatto come sta. Imperò che[3] esso è di natura benigna, e massime[4] con le donne, facilmente ci perdonerà; e io sarò la prima andare innanzi. Su, fate buon animo e seguitemi, poiché questa all'ultimo[5] non è morte d'uomo; sarebbe mai egli piú che un uccelletto da quattro quattrini, il quale è volato via? venite meco e non temete punto. Altre dicevano che il Re avrebbe piú a sdegno l'atto della disobbedienza, che se esse gli avessero fatto scampar via quanti fagiani e pernici egli si trovava avere ne' suoi boschetti e giardini; al fine, volta e rivolta, si risolsero d'appresentarsi alla Regina e narrargli il fatto, e cosí fecero.

Le donne vanno dalla Regina ed essa le conduce innanzi al Re

Vedendo la Regina simil cosa, restò molto travagliata[6] nell'animo, e non sapeva che si dire[7] , né che si fare, temendo di qualche gran disordine; pur fece buon cuore e andò dal Re con tutta questa comitiva di donne, le quali dovevano essere fino a trecento, e tutte quante venivano col capo basso e tutte vergognose. Giunta che fu la Regina nella gran sala, salutò il Re ed esso rese a lei il saluto allegramente; poi la fece sedere appresso di sé e gli addimandò che buona nuova[8] la conduceva a lui con tanta compagnia di donne.

1. **a che**: per quale motivo.
2. **in**: a.
3. **imperò**: dato che, siccome.
4. **massime**: soprattutto.
5. **all'ultimo**: in fin dei conti.
6. **molto travagliata**: molto turbata.
7. **che si dire**: cosa dire al riguardo.
8. **che buona nuova**: quale motivo, che felice combinazione.

OSSERVAZIONI E PROPOSTE DI LAVORO

RIFLETTI E RISPONDI

Le nobildonne chiedono al re di poter partecipare direttamente al governo e all'amministrazione della città.

- Con quali argomenti sostengono la loro richiesta?
- Ti paiono convincenti le loro ragioni? E il re quale decisione avrebbe potuto prendere se Bertoldo non fosse intervenuto?
- Perché Alboino temporeggia e segue il consiglio del villano? Su quali debolezze del re fa leva quest'ultimo?

«...e che molte erano uscite dalla campagna armate e avevano difeso i loro stati e i loro regni valorosamente...»

- Spiega il significato di queste parole.
- La difesa delle donne smentisce continuamente i pregiudizi piú diffusi sul loro conto. Quali sono questi?

DOCUMENTATI E RISPONDI

La vita delle donne, tanto nel Medioevo quanto al tempo di Croce, era molto differente da quella delle donne moderne.

- Oggi le donne possono essere casalinghe oppure occupate in altre attività lavorative, dentro e fuori casa. Elenca i lavori piú diffusi.
- Tanto tempo fa, le donne di quali ceti sociali avevano un'occupazione che non fosse essenzialmente domestica? Quali erano queste occupazioni?
- Le donne, allora, lavoravano per scelta o per necessità? E attualmente? Giustifica le tue risposte.
- A cosa si dedicavano le signore della nobiltà e della ricca borghesia mercantile cittadina?
- Le donne si occupavano veramente di politica o lasciavano invece questa preoccupazione agli uomini?
- Prova a sfogliare un'edizione qualsiasi di una storia della letteratura italiana. Quante donne vi compaiono come autrici? Come mai il numero degli uomini supera ampiamente quello delle donne?

La Regina racconta al Re la fuga dell'uccelletto

Disse la Regina: Sappia tua Maestà ch'io son venuta qui dinanzi alla tua Corona con queste nobilissime madonne per la risposta della domanda fatta a te per via d'entrare ancor esse ne' negozi e offici istessi che hanno quei del Senato; alle quali avendo tua Maestà mandato quella scatola con espressa commissione ch'elle non l'aprissero in modo alcuno, e tornarla a lei nel modo ch'ella gli era stata data, ora una piú curiosa dell'altre, avendo desiderio di vedere quello che vi si rinchiudeva dentro, l'aperse non pensando piú oltre[1] , e l'uccello subito scampò via: onde elle sono restate tanto addolorate di simil fatto, ch'elle non si ardivano di levar piú la testa, né mirarti in viso, per la vergogna ch'elle hanno per aver trasgredito il precetto[2] regale. Tu dunque, che sempre fosti benigno e clemente verso tutti, perdona loro, pregoti[3] , tale errore, che non per disubbidire a tua Maestà, ma per un loro curioso desiderio hanno fatto simil fallo[4]. Eccole qui pentite e dolenti innanzi a te, ch'elle ti chiedono umilmente perdono.

Il Re si mostra turbato forte e riprende le donne di tal fatto, poi gli[5] perdona e le manda a casa

Allora io Re mostrando avere a sdegno simil fatto, volto a loro con viso turbato: Voi vi siete dunque lasciato scampare l'uccello fuori della scatola? Ahi, femine sciocche e di poco cervello! e poi avete ardimento di voler entrare nei consigli segreti della mia corte? Or come potreste, ditemi voi, tenere un secreto[6], dove andasse l'interesse dello stato mio e della vita degli uomini, se un'ora intiera non avete potuto tener serrato una scatola, la quale io ho raccomandata con

1. **piú oltre**: ad altro ancora.
2. **precetto**: ordine, ingiunzione.
3. **pregoti**: ti prego.
4. **fallo**: errore.
5. **gli**: le.
6. **secreto**: segreto.

tanta instanza[1] ? Tornate dunque ai vostri esercizi e ad aver cura delle vostre famiglie, e governare le case vostre, come è solito vostro[2] , e lasciate il governo della città agli uomini. Io so che le cose andrebbono[3] per i loro piedi[4] , s'elle avessero a passare per le vostre mani; non vi sarebbe cosa tanto secreta e occulta[5], che non si sapesse in un'ora in tutta la città. Orsú, levatevi su, ch'io vi perdono, e andate alle case vostre, e non entrate mai piú in simil frenetico[6].

Poi licenziò finalmente la sua Regina, facendola accompagnare fino alle sue stanze da molti cavalieri. Cosí si partirono quelle povere donne tutte di mala voglia, né mai piú parlarono di entrare in consiglio, né di balottare o mettere fave, essendo elle state balottate per sempre dal Re, per opera però dell'astuto Bertoldo. Al quale il Re rivolto, ridendo disse:

Re. Questa è stata una bellissima invenzione, ed è riuscita molto bene.

Bertoldo. Ben vada la capra zoppa, fin che nel lupo ella s'intoppa[7].

Re. Perché dici tu questo?

Bertoldo. Perché donna, acqua e fuoco per tutto si fan dar luoco[8].

Re. Chi ha il seder nell'ortica, spesse volte gli formica[9].

Bertoldo. Chi sputa contra il vento si sputa nel mostaccio.

Re. Chi piscia sotto la neve, forza è che si discopra[10].

Bertoldo. Chi lava il capo all'asino, perde la fatica e il sapone.

Re. Parli tu forse cosí per me?

Bertoldo. Per te parlo appunto e non per altri.

---

1. **instanza**: sollecitudine.
2. **è solito vostro**: è vostra abitudine; è tipico delle donne.
3. **andrebbono**: andrebbero.
4. **per i loro piedi**: a rotoli.
5. **occulta**: da tenere nascosta, che non si deve conoscere.
6. **in simil frenetico**: in una contestazione carica di frenesia.
7. **rivolto**: rivolgendosi.
8. **s'intoppa**: s'imbatte.
9. **si fan dar luoco**: arrivano ovunque.
10. **formica**: prude.
11. **si discopra**: venga allo scoperto.

Re. Di che cosa ti puoi tu doler di me?
Bertoldo. Di che poss'io lodarmi?
Re. Dimmi in che cosa tu ti senti aggravato[1] da me.
Bertoldo. Io ti sono stato coadiutore[2] in cosa di tanta importanza, e tu, in cambio di assicurarmi della vita, mi dai la burla.
Re. Io non son tanto ingrato, ch'io non conosca i tuoi meriti.
Bertoldo. Il conoscerli è poco, il tutto è il riconoscerli.
Re. Taci, ch'io ti voglio rimunerare in guisa ch'io voglio che tu sia sempre a pié pari[3].
Bertoldo. Anco quelli che sono appiccati[4] stanno a pié pari.
Re. Tu interpreti ogni cosa alla roversa.
Bertoldo. Chi dice cosí l'indovina quasi sempre.
Re. Tu dici male, e fai male ancora.
Bertoldo. Che male faccio io nella tua corte?
Re. Tu non hai punto di civiltà[5] , né di creanza.
Bertoldo. Che importa a te s'io son ben creato[6] , o scostumato?
Re. M'importa assai, perché troppo villanescamente ti porti meco[7].
Bertoldo. La causa?
Re. Perché quando tu vieni alla presenza mia, mai non ti cavi il cappello, e non t'inchini.
Bertoldo. L'uomo non deve inchinarsi all'altr'uomo.
Re. Secondo le qualità degli uomini si devono usare le creanze e le riverenze.
Bertoldo. Tutti siamo di terra, tu di terra, io di terra, e tutti torneremo in terra; e però la terra non deve inchinarsi alla terra.
Re. Tu dici il vero, che tutti siamo di terra, ma la differenza qual è[8] fra te e me non è altro se non che, sí come[9]

---

1. **aggravato**: preoccupato a causa mia.
2. **coadiutore**: aiutante.
3. **a pié pari**: che tu cada sempre in piedi; che tu non debba mai avere preoccupazioni.
4. **appiccati**: impiccati; appesi alla fune.
5. **non hai punto di civiltà**: non sei per niente civile.
6. **son ben creato**: sono di modi raffinati e gentili.
7. **ti porti meco**: ti comporti con me.
8. **qual è**: che c'è.
9. **sí come**: cosí come.

d'un'istessa terra si fanno i varii vasi, parte che in essi[1] tengono liquori preziosi e odoriferi, e altri che servono a esercizi[2] vili e negletti[3], cosí io sono uno di quelli che rinchiudono in sé balsami, nardi[4] e altri liquori preziosi, e tu uno di quelli nei quali s'orina e vi si fa peggio ancora, e pure tutti sono fabbricati da una mano istessa e d'un'istessa terra.

Bertoldo. Questo non ti nego, ma ben ti dico che tanto sono fragili l'uno quanto l'altro, e quando ambo son rotti, i pezzi si gettano là per le strade, e dall'uno all'altro non si fa differenza alcuna;

Re. Orsú, sia come si voglia, io voglio che tu t'inchini a me.

Bertoldo. Io non posso far questo, abbi pazienza.

Re. Perché non puoi?

Bertoldo. Perché io ho mangiato delle pertiche[5] di salice, e però non vorrei scavezzarle[6] nel piegarmi.

Re. Ah, villan tristo, io voglio al tuo dispetto che tu t'inchini, come tu torni alla presenza mia.

Bertoldo. Ogni cosa può essere, ma duro gran fatica a crederlo.

Re. Domattina si vedrà l'effetto; va' pur a casa per questa sera.

Il Re fa abbassar l'uscio della sua camera, acciò Bertoldo convenga inchinarsi nell'entrar dentro la mattina

Partitosi Bertoldo, (e) il Re fece abbassar l'uscio della sua camera tanto, che chi voleva entrare in essa, bisognava per forza inchinarsi con il capo; e ciò fece acciò[7] che Bertoldo alla tornata[8], ch'ei faceva[9], si dovesse inchinare nell'en-

1. **parte che in essi**: e in parte di essi.
2. **esercizi**: funzioni.
3. **negletti**: disprezzati.
4. **nardi**: essenze di lavanda
5. **pertiche**: rami molto lunghi, bastoni.
6. **scavezzarle**: tagliarle a metà; romperle.
7. **e ciò fece acciò che**: e ciò fece in modo che.
8. **alla tornata**: ritornando.
9. **ch'ei faceva**: come egli era solito fare.

trare, e cosí venisse a fargli riverenza al suo dispetto[1]. E cosí stava aspettando il giorno per vedere il successo della cosa.

Astuzia di Bertoldo per non inchinarsi al Re

La mattina l'astuto Bertoldo tornò alla corte, come era suo solito, e, veduto l'uscio abbassato in quella maniera, pensò subito alla malizia e conobbe che il Re aveva fatto far questo solamente perché esso nell'entrare a lui se le inchinasse[2]; onde, in cambio di chinare il capo e abbassarlo nell'entrare dentro, voltò la schiena ed entrò all'indietro, a tal che, in cambio di far riverenza al Re, gli voltò il podice e l'onorò con le natiche. Allora il Re conobbe che costui era astuto sopra gli altri astuti ed ebbe caro simil piacevolezza; pur mostrando d'esser alquanto alterato, gli disse:

Re. Chi t'ha insegnato, villan ribaldo, d'entrar nelle case a questa foggia[3]?

Bertoldo. Il gambaro.

Re. Perché il gambaro? Tu hai avuto un buon pedante[4], certo.

Favola del Gambaro e della Granzella[5] narrata da Bertoldo

Bertoldo. Tu dèi sapere che 'l mio padre aveva fin a dieci figlioli ed era povero, come ancora son io, e perché[6] spesse volte non vi era pane da cena, egli, in iscambio[7] di cibarci e mandarci pasciuti a letto, ci soleva contare qualche favola a buon conto, per farci addormentare, e cosí la solevamo passare[8] sino alla mattina; onde fra l'altre, ch'io gli udii raccontare, questa mi restò nella mente, e, se tu hai pazienza un poco di udienza, udirai

1. **al suo dispetto**: contro la sua volontà.
2. **a lui se le inchinasse**: ad egli si inchinasse.
3. **foggia**: modo.
4. **pedante**: pedagogo, educatore, maestro.
5. **granzella**: granchio.
6. **perché**: poiché.
7. **in iscambio**: invece di.
8. **la solevamo passare**: eravamo soliti trascorrere e la notte.

cosa che non ti spiacerà, e torna a punto[1] al proposito nostro.

Re. Di' pur su, che ciò mi sarà di sommo piacere.

Bertoldo. Diceva il mio padre che, quando le bestie parlavano e che le civette cacavano[2] mantelli, che il Gambaro e la Granzella, amici carissimi, si disposero d'andare un poco per lo mondo a vedere come si viveva negli altri paesi (e il Gambaro allora camminava all'innanzi come fa l'altro bestiame, e similmente la Granzella non andava per traverso, come fanno al presente). Ora costoro partironsi[3] dalle paterne case, andarono molto tempo girando il mondo e furono nel regno delle cavallette, poi passarono su[4] quello delle lucerte, che confina con quello del Re de' parpaglioni[5] , e cosí circondarono gran parte della terra e videro varii riti e varii costumi fra quelle bestiole; alla fine capitarono nel paese de' schiratoli[6] , ed era sera; e perché fra gli schiratoli e le donnole era grandissima guerra per essere confinanti insieme e per una nuova sospizione[7] di tradimento, si stava in arme dall'una e dall'altra parte. Arrivati questi due compagni in simil loco, furono dalle guardie scoperti e tolti[8] per due spioni, e subito presi e legati furono condotti innanzi al loro capitano, il quale, fattogli esaminare[9] minutamente, non trovò in essi altro se non che, desiderosi di veder del mondo, erano giunti in quelle parti e che come forastieri non erano informati di cosa alcuna, e che bramavano di essere messi in libertà e tornarsene alle patrie loro; o pure, se volevano trattenergli[10] per soldati, gli dessero il

---

1. **a punto**: proprio.
2. **cacavano**: defecavano.
3. **partironsi**: partirono.
4. **su**: in.
5. **parpaglioni**: farfalloni; falene.
6. **schiratoli**: scoiattoli.
7. **sospizione**: sospetto.
8. **tolti**: scambiati, considerati.
9. **fattogli esaminare**: fatti esaminare loro.
10. **trattenergli per**: trattenerli in qualità di.

soldo[1] come agli altri, ch'essi gli averiano serviti in quella guerra fidelissimamente[2]. Inteso ciò dal capitano, subito gli[3] fece slegare, e parendogli essere bestie da fazione[4], per avere tanti piedi e tante braccia, gli accettò[5] e subito gli fece passar la panca[6]. Ora avvenne che, essendo mandato il Gambaro a spiare quello che si faceva nel campo de' nemici, come quello ch'era[7] nuovo personaggio in quel paese e che camminava con grandissimo silenzio e spesso si copriva tutto sotto la coda, non sarebbe conosciuto cosí facilmente; esso andò animosamente nel campo nemico e, trovando le guardie che dormivano, passò avanti e andò fino al padiglione del Donnolotto, pensando ch'ivi ancor si dormisse; ma il meschino ebbe la mala fortuna, perché ivi si stava svegliato[8], e giocavano a massa e topa[9], onde nel porre, ch'ei fece, il capo dentro, subito fu visto da uno di quei soldati, il quale cheto cheto si levò da giocare, che il povero Gambaro non se n'avvide, e preso uno stanghetto[10] gli tirò cosí fatto colpo sul capo, che lo stordí di maniera ch'ei parea morto, e se egli non si fosse trovato indosso le sue solite arme, il cervello gli andava a spasso. Colui che lo percosse, non sapendo ch'ei fosse una spia, ma credendosi che quivi fosse capitato a caso, non avendo mostaccio a proposito da[11] spia, e credendolo morto, lo prese per le corna e lo gettò in un fosso, e senza altro sospetto tornò a giocare. Ora ritornato il misero in se stesso, e non potendo appena levare il capo per le gran percosse ricevute, giurò di mai piú non volere entrare con il capo innanzi in luoco alcuno, ma caminare con la coda (avan-

---

1. **gli dessero il soldo**: li pagassero.
2. **fidelissimamente**: molto fedelmente.
3. **gli**: li.
4. **da fazione**: utili per la contesa, per il combattimento.
5. **gli accettò**: li accettò.
6. **gli fece passar la panca**: li mise subito all'opera.
7. **come quello ch'era**: nel ruolo di quello che era.
8. **ivi si stava svegliato**: lí stava sveglio.
9. **a massa e topa**: gioco d'azzardo con i dadi.
10. **stanghetto**: barra di ferro piuttosto corta.
11. **a proposito da**: che desse da pensare a una.

ti), acciò se piú gli veniva dato delle busse, che piú tosto[1] gli fosse dato su la schiena, che la testa. Cosí tornato al campo fece la relazione di quanto gli era intravenuto[2], ma che nel padiglione[3] si vegliava; onde il capitano fece armare chetamente le sue schiere e andò ad assaltare il nemico e prese il padiglione e uccise tutti quelli che vi erano dentro, e fecero le vendette del bastonato Gambaro. Il quale, per non giungere piú a simil passo[4], disse alla Granzella: andiamoci con Dio[5], perché la guerra non fa per noi. Ma come fuggiremo, disse la Granzella, che non siano vedute le nostre pedate? Tu caminerai per traverso, disse il Gambaro, ed io all'indietro, e cosí ci torremo di sotto. Piacque la proposta alla Granzella, e subito si levò in punta di piedi e gentilmente cominciò a camminare di gallone[6], e con tanta destrezza che il Gambaro a pena poteva tenergli dietro; e cosí si partirono dal campo, e mai non potero coloro sapere dove fossero andati, per lo stravagante camminare che facevano. Cosí giunsero alle case loro e, per i pericoli ne' quali erano stati, lasciarono per testamento che tutti i discendenti loro dovessero per l'avvenire camminare sempre come avevano fatto essi nel tornare alle case loro; e tutt'ora si vede che il Gambaro cammina all'indietro e la Granzella per fianco. E perché il Gambaro ebbe quella bacchettata sul capo nel cacciarsi nel padiglione, io me lo son tenuto sempre a mente, e per questo nel cacciarmi nella tua camera sono entrato alla roversa, perché meglio è che il sedere sia percosso, che il capo. Or che ne dici tu? Non è bella questa favola?

Re. Sí, certo, sei stato un grand'uomo. Orsú vattene a casa, e torna domani a[7] me, fa ch'io ti vegga e non ti vegga, e portami l'orto, la stalla e il molino.

---

1. **piú tosto**: piuttosto.
2. **intravenuto**: capitato.
3. **padiglione**: riparo di stoffa, simile a una grande tenda, di forma quadrata o tonda, terminante generalmente a punta.
4. **a simil passo**: in una situazione analoga.
5. **andiamoci con Dio**: andiamo con Dio!
6. **di gallone**: baldanzosamente.
7. **a**: da.

Bertoldo. Indovinala tu Grillo. Orsú, io vado, e m'ingegnerò di fare quel ch'io saprò.

Astuzia di Bertoldo per comparire innanzi al Re nel modo sopradetto

Il giorno seguente Bertoldo fece fare una torta a sua madre, di bietole ben unta con butirro[1] , cacio e ricotta in abbondanza, e poi, preso un crivello da formento[2] , se lo pose sopra la fronte, sí che pendeva giú al[3] petto e al ventre; e cosí con esso e con la torta tornò dal Re, il quale, vedendolo comparire in guisa tale[4] , ridendo disse:

Re. Che cosa vuol dire quel crivello, che tu hai dinanzi al viso?

Bertoldo. Non mi commettesti tu ch'io tornassi a te in modo tale, che tu mi vedessi e non mi vedessi?

Re. Sí, ti commisi.

Bertoldo. Eccomi dunque dopo[5] i buchi di questo crivello, dove tu mi puoi vedere e non mi puoi vedere.

Re. Tu sei un grand'uomo e ingegnoso; ma dove l'orto, la stalla e il molino, ch'io ti dissi che tu portassi?

Bertoldo. Ecco qui questa torta, nella quale vi sono infuse tutte tre dette cose, cioè la bietola, la quale dinota[6] l'orto, il cacio, il butirro e la ricotta, che significa la stalla, e la spoglia[7] della farina che altro non vuol dimostrare, che il molino.

Re. Io non ho mai veduto né praticato il piú vivo intelletto del tuo; però[8] serviti della mia corte in ogni tua occorrenza.

---

1. **butirro**: burro.
2. **crivello da formento**: setaccio da frumento, molto grande.
3. **al**: dal.
4. **in guisa tale**: conciato in quel modo.
5. **dopo**: dietro.
6. **dinota**: significa, denota.
7. **spoglia**: crusca, pula, buccia.
8. **però**: perciò.

OSSERVAZIONI E PROPOSTE DI LAVORO

RIFLETTI E RISPONDI

Il testo presenta alcune differenze ortografiche e morfologiche rispetto all'italiano corrente.

- Ricerca nel brano:
  * l'uso dell'articolo determinativo davanti a un pronome possessivo;
  * l'uso sovrabbondante di pronomi personali complemento;
  * l'uso ripetuto della congiunzione "che";
  * l'uso enclitico del pronominale"si";
  * l'elisione della preposizione articolata "dei";
  * l'uso del pronome personale complemento "gli" al posto di "li" o "loro";
  * il troncamento della congiunzione "che" davanti a parole che iniziano per vocale;
  * il raddoppiamento delle consonanti.
- Questa storiella ti pare di facile lettura o i periodi che la costituiscono sono complessi? Prova a riscriverla fedelmente modificando però le strutture sintattiche e la punteggiatura in modo che i periodi risultino meno articolati.
- Dopo aver riscritto la storia, prova a dividerla in piú parti secondo lo schema che ti viene qui suggerito:

Premessa - Evento iniziale - Evento centrale - Sviluppo cruciale dell'Evento centrale - Epilogo - Morale

«Diceva il mio padre che, quando le bestie parlavano e che le civette cacavano...»
Ti sarai sicuramente accorto (e altri esempi troverai nelle pagine che seguono) della presenza di termini che noi riteniamo scurrili o, comunque, propri di un linguaggio volgare (secondo l'accezione di "grossolano").

- Rintraccia questi termini nel testo.
- Perché, secondo te, l'autore vi ricorre frequentemente?
- Anche oggi scrittori, giornalisti, intellettuali in genere usano il turpiloquio? A quale scopo?

Piacevolezza di Bertoldo

A queste parole Bertoldo, scostatosi alquanto dal Re e ritiratosi nella corte, si calò le brache, mostrando di voler fare un suo servizio corporale; laonde, veduto il Re tal atto, gridando disse:

Re. Che cosa vuoi tu fare, manigoldo?

Bertoldo. Non dici tu, ch'io mi serva della tua corte in ogni mia occorrenza?

Re. Sí, ho detto; ma che atto è questo?

Bertoldo. Io me ne voglio servire adunque a scaricare il peso della natura, il quale tanto m'aggrava, ch'io non posso piú tenerlo.

Allora uno di quelli della guardia del re, alzato un bastone, volle percuoterlo, dicendogli: Brutto poltrone, va' alla stalla, dove vanno gli asini pari tuoi, e non fare questa indignità[1] innanzi al Re, se non vuoi ch'io t'assaggi le coste con questo legno. A cui Bertoldo rivolto, disse:

Bertoldo. Va' destro[2] , fratello, né voler tu fare il sofficiente[3] , perché le mosche che volano su la testa ai tignosi, vanno su la mensa regale ancora, e cacano nella propria scodella del Re, e pur esso mangia quella minestra; e io dunque non potrò fare i miei servigi in terra, che è cosa necessaria? e tanto piú che il Re ha detto ch'io mi serva della sua corte in ogni mio bisogno? E qual maggior bisogno poteva venirmi per servirmene, che in questo fatto?

Intese il Re la metafora di Bertoldo, e si cavò di dito un ricco e prezioso anello, e, volto a lui, disse:

Re. Piglia questo anello, ch'io te lo dono; e tu, tesoriero, va', porta qui mille scudi, ch'io glie ne voglio far un presente[4] or ora.

Bertoldo. Io non voglio che tu m'interrompa il sonno.

Re. Perché interrompere il sonno?

Bertoldo. Perché quand'io avessi quell'anello, e tanti danari, io non poserei[5] mai, ma mi andrei lambiccando il cervello di continuo, né mai piú potrei trovar pace, né

---

1. **indignità**: atto indegno al cospetto del re.
2. **va' destro**: vai sulla retta via.
3. **sofficiente**: zelante, troppo ligio al dovere.
4. **presente**: regalo.
5. **poserei mai**: riposerei.

quiete. E poi si suol dire: chi l'altrui prende, se stesso vende. Natura mi fece libero, e libero voglio conservarmi.

Re. Che cosa poss'io dunque fare per gratificarti

Bertoldo. Assai paga, chi conosce il beneficio.

Re. Non basta conoscerlo solamente, ma riconoscerlo ancora con qualche gratitudine.

Bertoldo. Il buon animo è compìto pagamento[1] all'uomo onesto.

Re. Non deve il maggiore cedere al minore di cortesia.

Bertoldo. Né deve il minore accettar cosa che sia maggiore del suo merito.

La Regina manda di nuovo a chieder Bertoldo al Re

Mentre cosí andavano essi ragionando insieme, giunse un altro messo da parte della Regina, con una lettera, la quale conteneva che il Re mandasse Bertoldo per ogni modo, ché, sentendosi ella un poco indisposta, voleva passare il tempo alquanto[2] con le piacevolezze di lui. Ma ciò era al contrario[3], anzi, ch'ella aveva fatto pensiero di farlo privar di vita, avendo inteso che per opera sua quelle matrone avevano ricevuto quello affronto dal Re, per lo quale erano in tanta rabbia che, se l'avessero potuto aver nelle mani, l'averiano[4] lapidato. Il Re, letta la lettera, prestando fede alle parole della Regina, volto a Bertoldo disse:

Re. La Regina di nuovo mi t'ha mandato a domandare, e dice ch'essendo alquanto indisposta vorrebbe che tu l'andassi un poco a trattenere e fargli passar l'umore con le tue piacevolezze.

Bertoldo. Anco la volpe talora si finge inferma per trappolar[5] i pollastri.

Re. A che proposito dici tu questo?

Bertoldo. Perché né tigre, né femina fu mai senza vendetta.

---

1. **compìto pagamento**: la migliore ricompensa.
2. **alquanto**: a lungo.
3. **ma ciò era al contrario**: ma non era vero; era esattamente il contrario.
4. **l'averiano**: l'avrebbero.
5. **trappolar**: intrappolare.

Re. Leggi qui, se tu sai leggere.
Bertoldo. La pratica mi serve per libro.
Re. Sdegno di donna nobile tosto passa via.
Bertoldo. Le cernici[1] coperte tengono un pezzo calda la cenere.
Re. Non odi tu le buone parole ch'ella ti manda a dire?
Bertoldo. Buone parole e tristi fatti ingannano i savi e i matti.
Re. Orsú, chi ha da andar vada, che l'acqua non è spada.
Bertoldo. Chi è scottato dalla minestra calda, soffia sulla fredda.
Re. Da corsaro a corsaro, non si perde altro che i barili vuoti.
Bertoldo. Una cosa pensa il ghiotto, l'altra il tavernaro[2].
Re. Il far servizio mai non si perde.
Bertoldo. Servizio con danno, Dio ti dia il malanno.
Re. Non aver paura di nulla nella mia corte.
Bertoldo. Meglio è esser uccello di campagna, che di gabbia.
Re. Orsú, non ti far bramar piú; va' via, perché cosa tanto pregata poco è poi grata.
Bertoldo. Tristo colui che dà esempio ad altrui.
Re. Chi sta piú, vorrebbe star piú.
Bertoldo. Chi spinge la nave in mare, sta su la riva.
Re. Orsú, va' dove ti mando, e non temere.
Bertoldo. Quando il bue va alla mazza[3] , suda dinanzi e trema di dietro.
Re. Fa'[4] un animo di leone, e va' via arditamente.
Bertoldo. Non può far animo di leone chi ha il cuore di pecora.
Re. Va' via sicuramente[5] , che la Regina non ha piú odio teco[6] , ma s'è passata[7] quella burla in riso.
Bertoldo. Riso di signore, sereno di verno[8] , cappello di

1. **cernici**: tizzoni ardenti; pezzi di brace.
2. **tavernaro**: tavernaio; chi gestisce una taverna; un oste.
3. **alla mazza**: al mattattoio.
4. **fa'**: mostra.
5. **sicuramente**: senza esitare; in sicurezza.
6. **teco**: per te.
7. **s'è passata**: ha trasformato.
8. **di verno**: d'inverno.

matto, trotto di mula vecchia, fanno una primiera[1] di pochi punti.

Re. Non ti far piú aspettare, perché ogni tua tardanza[2] è poi noiosa.

Bertoldo. Orsú, io vado poiché tu comandi; vada come si vuole, in ogni modo, o per l'uscio o per la porta, bisogna entrarvi.

Bertoldo con una bellissima astuzia si ripara dal primo èmpito[3] della Regina

Cosí Bertoldo s'inviò per andare dalla Regina, e avendo inteso come ella aveva commesso ai suoi cagnatieri[4] che subito ch'egli giungeva nella sua corte, essi gli lasciassero andare tutti i cani incontro, acciò[5] da quelli fosse crudelmente stracciato (tanto era incrudelita verso di lui), nel passare ch'ei fece per piazza, vide per buona sorte un villano il quale aveva una lepre viva, e comperolla[6], mettendosela sotto il mantello, e quando fu giunto nella detta corte gli furono lasciati (contro) i cani, i quali venivano verso di lui correndo quasi come affamati, e l'averiano morto[7] e stracciato con i fieri denti; ma esso, vedendo il gran pericolo nel quale si trovava, subito lasciò gir[8] la lepre, che egli avea sotto; la quale non sí tosto[9] fu veduta da i cani, che lasciarono stare di morder Bertoldo e si posero a correr dietro alla lepre, com'è lor natura, a tale ch'esso restò salvo ed illeso dai crudeli morsi di quei fieri cani, e cosí si ridusse innanzi alla Regina, la quale tutta ammirativa[10], credendolo morto da quei cani, tutta piena di disdegno ed ira, gli disse:

---

1. **primiera**: combinazione di gioco nelle carte.
2. **tardanza**: ritardo.
3. **èmpito**: impeto; reazione violenta.
4. **cagnatieri**: servitori addetti ai cani da caccia.
5. **acciò**: affinché.
6. **comperolla**: la comperò.
7. **l'averiano morto**: l'avrebbero ucciso.
8. **gir**: andare.
9. **sí tosto**: tanto rapidamente.
10. **ammirativa**: stupita.

Regina. Tu sei qua, brutto assassino?
Bertoldo. Cosí non ci fossi come ci sono.
Regina. Come sei scampato dai denti de' miei fieri cani?
Bertoldo. La natura ha provvisto all'accidente.
Regina. La moglie del ladro non si rise sempre[1].
Bertoldo. Chi va al molino, bisogna che s'infarini.
Regina. Chi ha le prime, non va senza.
Bertoldo. A chi tocca leva.
Regina. A te toccherà a questa volta.
Bertoldo. Non viene ingannato se non chi si fida.
Regina. Promettere e non dare, vien per matto confortare.
Bertoldo. Chi manco può, paga il bue.
Regina. Chi non li gioca, mal li spende.
Bertoldo. A chi la va bene, par savio.
Regina. Andar bestia e tornar bestia è tutt'uno.
Bertoldo. Non bisognava entrarci, disse la volpe al lupo.
Regina. Pur ci sei venuto tu, che fai l'astuto e il malizioso.
Bertoldo. Pazienza, disse il lupo all'asino; tal va al sposalizio, che non va a tavola.
Regina. Ogni tempo viene a chi può aspettarlo.
Bertoldo. Ventura pur che poco senno basta.
Regina. Dietro il tuono suol venire la tempesta.
Bertoldo. Il pesce grosso mangia il piccolo.
Regina. Ogni gallo non conosce fava.
Bertoldo. Ogni serpe ha il veleno nella coda, ma la femina irata lo tiene per tutta la vita.
Regina. Tu non camperai del certo[2] questa volta, usa pure quanta malizia tu puoi e sai, ch'io non voglio che tu ti vanti di fare piú stratagemme[3] contra le donne.
Bertoldo. Chi non va a una fornata[4] va all'altra, e chi va piú presto inganna il compagno; però sbrigami in un tratto. In ogni modo, come disse la volpe al villano, se noi campassimo mille anni, noi non ci guarderemo mai piú di buon occhio, né sarà buon stomaco[5] fra di noi.

---

1. **si rise sempre**: ride per sempre.
2. **del certo**: certamente.
3. **stratagemme**: stratagemmi; inganni.
4. **fornata**: infornata.
5. **buon stomaco**: serenità, accordo.

La Regina fa mettere Bertoldo in un sacco

Allora la Regina tutta adirata lo fece pigliare e legar stretto, poi lo fece condurre in una camera appresso a quelle dove lei dormiva e, perch'ella non si fidava ch'esso non scampasse, come aveva fatto altre volte con le sue astuzie, lo fece mettere in un sacco e gli pose per guardia uno sbirro, il quale lo guardasse sino alla mattina, con animo poi di mandarlo a gettare nel fiume o fargli altra cosa, ch'ei non potesse fargli piú burle. E cosí il misero Bertoldo rimase serrato nel sacco, né mai ebbe timore della morte se non in quella volta; pure pensò una nuova astuzia per uscir dal sacco, e gli riuscí mirabilissimamente[1] , e fu questa.

Astuzia nobilissima di Bertoldo per uscir fuori del sacco

Restò dunque il povero Bertoldo serrato nel sacco, con la guardia di quello sbirro, e avendosi imaginato[2] una nuova astuzia, mostrando di parlare fra se stesso, incominciò querelandosi a dire: O fortuna maledetta, come ti pigli tu spasso di travagliare tanto i ricchi quanto i poveri! O roba iniqua[3] , dove m'hai tu condotto? Meglio sarìa stato per me se il padre mio m'avesse lasciato mendico, che ora io non sarei a cosí tristo passo congiunto[4]. Che cosa ha giovato a me il vestirmi di questi rozzi e ruvidi panni, per mostrare di esser povero, s'io sono stato scoperto per ricco, come io sono? Onde questi tiranni per l'avidità della roba mia si vogliono imparentar meco; ma, vada come si voglia, io non consentirò mai di prenderla, ché io son uomo contraffatto[5] e so ch'ella non sarebbe mai tutta mia, e, se la Regina vorrà ch'io la piglia al mio dispetto, qualche cosa sarà.

---

1. **mirabilissimamente**: meravigliosamente.
2. **avendosi imaginato**: avendo immaginato.
3. **o roba iniqua**: o ricchezza che porti iniquità.
4. **congiunto**: legato.
5. **contraffatto**: brutto, storpio.

OSSERVAZIONI E PROPOSTE DI LAVORO

ARLECCHINO E BRIGHELLA: DUE VOLTI DELLA SATIRA POPOLARE

Tra le antiche figure di villani sciocchi e ignoranti, derisi dalla satira popolare, un posto di rilievo spetta certamente a una maschera famosissima ancora oggi: Arlecchino.

- In quale periodo storico Arlecchino apparve per la prima volta sulle scene?
- I suoi panni erano vestiti da un uomo o da una marionetta?

Di Arlecchini in giro per l'Europa ce n'erano di tanti tipi. In Italia il personaggio derivò da uno dei numerosi Zanni della Commedia dell'Arte, servi intriganti e stupidi, che calcavano i palcoscenici allestiti nelle città e nelle campagne.
Fu il comico Alberto Gavazzi, detto Zan Ganassa, a inventare, intorno al 1568, l'Arlecchino a noi familiare.

- Di dove era originario?
- Com'era il suo aspetto primitivo? Quali trasformazioni subí nel tempo il suo costume?
- Come venne trasformato Arlecchino da Carlo Goldoni? Che cosa cambiò del suo carattere rispetto alle origini?

Brighella, al contrario di Arlecchino, è tutt'altro che sciocco e, in un certo senso, lo possiamo avvicinare al personaggio di Bertoldo.

- Di dove è originaria questa maschera? Come è vestita?
- Quali sono le caratteristiche salienti della sua personalità?

Bertoldo, Arlecchino e Brighella riscossero anticamente un grande successo di pubblico, sia presso i ceti piú ricchi e acculturati che presso i poveri illetterati. E continuano a piacere ancora oggi.

- Come spieghi la popolarità dei tre personaggi nell'antichità? E oggi?
- Quando li hai conosciuti per la prima volta e come?

Lo sbirro comincia a impaniarsi[1]

Allora lo sbirro, udendo queste parole ed essendo curioso di sapere dove derivava[2] simil ragionamento ed essendo alquanto compassionevole di natura disse:

Sbirro. Che ragionamento è questo che tu fai? Perché sei stato tu messo in questo sacco, poveraccio?

Bertoldo. Eh, fratello, a te non importa saper le mie miserie, però lasciami lamentare, e tu attendi a far l'ufficio[3] al quale sei stato messo.

Sbirro. Se ben faccio lo sbirro, per questo son uomo anch'io e ho compassione delle calamità de' compagni, e se io non potrò darti aiuto con le forze mie in questo tuo travaglio, ti darò almeno qualche consolazione di parole.

Bertoldo. Poca consolazione puoi darmi, perché il termine è breve di quanto s'ha da fare.

Sbirro. Ti vogliono forse far frustare?

Bertoldo. Peggio.

Sbirro. Dar della fune?

Bertoldo. Peggio.

Sbirro. Mandar in galera?

Bertoldo. Peggio.

Sbirro. Far impiccare?

Bertoldo. Peggio.

Sbirro. Far squartare?

Bertoldo. Peggio ancora.

Sbirro. Abbruciare?

Bertoldo. Mille volte peggio.

Sbirro. Che diavolo ti possono far (peggio) di queste sei cose?

Bertoldo. Mi vogliono dar moglie.

Sbirro. E questo è peggio ch'esser frustato, aver della fune, andar in galera, esser impiccato, squartato e abbruciato? O bestia che sei, io mi credea che questo fosse un gran fastidio. Oh sí, che questa è da cantare nella chitarra[4] !

Bertoldo. Non che il prender moglie sia peggio (di quello)

---

1. **impaniarsi**: rimanere ingannato dalle lusinghe.
2. **dove derivava**: da dove veniva.
3. **a far l'ufficio**: ad assolvere al compito.
4. **da cantare nella chitarra**: da raccontare in giro.

ch'io ho detto, ma il modo che vogliono tenere in darmela[1] mi dà piú travaglio[2] che se mi fessero[3] tutte queste cose che m'hai detto.

Sbirro. E che modo vogliono essi tenere? Parla chiaro.

Bertoldo. È lí nessuno altro che te? Perché io non vorrei essere udito da qualchedun altro, perch'io sarei poi rovinato affatto[4].

Sbirro. Non v'è altri che me; parla pure sicurissimamente.

Bertoldo. Di grazia, che non mi facci[5] poi la spia.

Sbirro. Non dubitar di questo, ch'io non ho mai fatto simil professione, né manco voglio incominciare adesso.

Bertoldo. Orsú, io mi voglio fidar di te, perché, al parlare che fai, tu mi pari galantuomo; e poi vada com'ella si voglia, quello che deve essere non può mancare[6].

Sbirro. Orsú, cominciami a narrare il negozio, ch'io ti ascolterò.

Bertoldo. Tu dèi[7] dunque sapere che, trovandomi io ricco de' beni di fortuna, ma difforme e mostruoso di vita, confinando con i miei poderi con un gentiluomo il quale ha una figliuola bellissima, costui, avendo visto le ricchezze mie, s'è pensato (benché io sia villano, brutto, come ti dico) di voler darmi questa sua figliuola per moglie, e piú volte me n'ha fatto parlare, non già perché gli piaccia il mio aspetto, ma per la gran roba ch'io mi trovo, che in quanto della vita mia non credo ch'ei se ne curi un aglio[8] , anzi credo che egli mi vorrebbe piuttosto vedere sulle forche.

Sbirro. Tu sei dunque ricco?

Bertoldo. Ricchissimo d'armenti[9] , di greggi, di possessioni[10] e d'ogni cosa.

---

1. **tenere in darmela**: secondo il quale vogliono darmela in sposa.
2. **ravaglio**: fastidio.
3. **fessero**: facessero.
4. **affatto**: del tutto.
5. **mi facci**: mi faccia.
6. **non può mancare**: non può essere diversamente.
7. **dèi**: devi.
8. **un aglio**: affatto, per niente.
9. **armenti**: branchi di grossi animali domestici, ad esempio buoi.
10. **possessioni**: possedimenti.

Sbirro. Quanto puoi tu aver d'entrata?
Bertoldo. Io mi trovo avere un anno per l'altro sei mille scudi[1] e piú.
Sbirro. Cancaro! Vi sono dei signori che non hanno tanto. E questo gentiluomo è ricco, lui?
Bertoldo. Egli si trova stare assai comodo[2] , ma appresso di me[3] è poverissimo.
Sbirro. Quanto può aver egli d'entrata?
Bertoldo. Da mille scudi in circa[4].
Sbirro. Ei non è però cosí povero come tu dici. È poi nobile di famiglia?
Bertoldo. Nobilissimo.
Sbirro. Non ti vuole egli dar nulla in dote?
Bertoldo. Sí vuole; ma io ti dirò il tutto, poiché siamo qua. Ma io non posso parlare in questo sacco. Se tu mi sleghi la bocca[5] , tanto ch'io possa metter fuori la testa, che poi tornerai a serrarlo, come avrai inteso il fatto intieramente.
Sbirro. Volentieri, eccola slegata: ragiona via allegramente. Ma tu hai un brutto mostaccio. Se il resto corrisponde al viso, tu dèi essere un brutto manigoldo.
Bertoldo. Cavami del tutto fuori e vedrai la mia bella disposizione[6].
Sbirro. Sí, ma bisogna che vi torni[7] poi dentro, come hai finito di ragionare, e ch'io ti serri come stavi prima.
Bertoldo. Siamo d'accordo in questo, non ti dubitare.

Lo sbirro cava Bertoldo fuori del sacco

Sbirro. Orsú, vien fuori.
Bertoldo. Eccomi. Che ti pare di questa bella vitina?
Sbirro. Affè[8], che tu sei un garbato cavaliero. O può far il

1. **scudi**: antica moneta d'argento cosí chiamata perché v'era impresso lo scudo con l'emblema del sovrano.
2. **assai comodo**: benestante.
3. **appresso di me**: al mio confronto.
4. **in circa**: in su.
5. **la bocca**: si tratta dell'imboccatura del sacco.
6. **disposizione**: corporatura, fattezza.
7. **vi torni**: tu faccia ritorno.
8. **affé**: in fede, in verità.

Cielo![1] io non ho mai visto la piú brutta bestia di te. T'ha mai visto la sposa?

Bertoldo. Ella mai non m'ha veduto, e perché ella non mi vegga, m'hanno fatto cacciare in questo sacco, e vogliono condurla in questa stanza e fare ch'io la sposi senza lume, e quando poi l'avrò sposata mi scopriranno, e bisognerà ch'ella si contenti al suo dispetto, ché cosí è stabilito, e a me subito sarà sborsato due mila doble[2] di Spagna, le quali gli[3] dona la Regina, acciò non gli scappi cosí buona ventura[4].

Sbirro. Una buona ventura certo. O che bambino grazioso da tener in braccio! O roba malnata[5], quanti poveri uomini e povere donne affoghi tu? Mira, di grazia, costui, che pare un mostro infernale; e perché esso ha delle facoltà[6], i gentiluomini nobili hanno di grazia di fare parentato[7] con esso lui. Or bene dice vero il proverbio, che la roba fa stare il tignoso al balcone. A me che son povero, e che già non sono mostruoso come questo diavolo, non intraverrebbe[8] simil ventura[9]; ma la roba malvagia è causa di questo. Pazienza.

Bertoldo. Se tu fossi galantuomo io ti farei ricco questa notte; perché io mi sono risoluto di non voler costei in modo alcuno, perché intendo ch'ella è bella come un sole, però mi vado pensando ch'ella non sarebbe tutta mia. L'altra poi, vedendomi sí contraffatto, mi potrebbe dar forse il boccone e farmi tirare le calze. Però, se tu vuoi entrare in questo sacco in mio cambio[10], io rinuncerò questa gran fortuna.

---

1. **o può far il cielo!**: santo cielo!
2. **doble**: la dobla, o doppia, era un'antica moneta d'oro di valore variabile.
3. **gli**: le.
4. **acciò non gli scappi cosí buona ventura**: affinché non le sfugga un'occasione tanto fortunata.
5. **o roba malnata**: si riferisce all'influsso negativo del denaro.
6. **delle facoltà**: alcune ricchezze.
7. **hanno di grazia di fare parentato**: sono onorati di imparentarsi.
8. **intraverrebbe**: capiterebbe.
9. **ventura**: evento fortunato.
10. **mio cambio**: al posto mio.

Sbirro. Qualche buffalaccio[1] farebbe tal pazzia, che, come mi scoprissero poi, e ch'io non fossi te, mi facessero tirare in guindolo[2] e farmi fare il saltarello del groppo[3].

Bertoldo. Non dubitare di questo, perché subito che tu avrai sposato la sposa, e che ti scopriranno, tu che sei un giovane garbato e non orrendo come me, ella vedendoti non dirà altrimente[4] che non ti voglia, e quello che sarà fatto non potrà piú tornare addietro, e beccherai via le due mila doble ed entrerai in possesso di quella roba: perché il padre è vecchio e poco piú può stare andare a fare dell'erba al cavallo del Gonnella; sí che tu potrai per l'avvenire vivere onoratamente, senza esercitare piú questo tuo mestiero cosí vituperoso[5] e infame.

Sbirro. Tu la fai molto facile, la cosa; ma io non voglio però pormi[6] a questo rischio; entra pur tu nel sacco.

Bertoldo. O poveraccio che tu sei, non sai tu che 'l si dice che all'uomo audace giova tentar la fortuna? Che cosa di male ti può intravenire[7] in questo negozio? Vuoi tu che il padre di lei ti faccia dispiacere, come l'avrai sposata? Vuoi tu che lei, ch'è tutta modesta[8], dica che non ti voglia? Vuoi tu che la Regina, la quale è tanto larga e liberale, non voglia sborsare i danari, per parere avara? Tutti si rimetteranno a quello che vuole il cielo e la passeranno sotto silenzio, e tu andrai in casa della sposa e con il tempo sarai erede del tutto e sarai onorato da tutti come gentiluomo. Sappi, sappi conoscere cosí gran ventura, e pensa che ogni dí non s'appresentano simili occasioni. Sú, dunque entra nel sacco e non vi pensar piú, perché se vi fosse qualche pericolo per te, io non te lo direi, ch'io sono un uomo schietto, né saprei dire una bugia, e innanzi che sia domani ora di desinare, t'accorgerai se ti voglio bene.

---

1. **buffalaccio**: uomo senza scrupoli e poco assennato.
2. **tirare in guindolo**: abbindolare.
3. **saltarello del groppo**: il salto del nodo; lo impiccherebbero.
4. **altrimente**: sicuramente.
5. **vituperoso**: vergognoso, considerato poco onorevole.
6. **pormi**: espormi.
7. **intravenire**: capitare di imprevisto.
8. **ch'è tutta modesta**: che è pudica e condiscendente.

Lo sbirro comincia a cascare alla rete

Sbirro. Tu me la dipingi tanto garbatamente, che quasi quasi mi hai fatto venir voglia d'entrare in questa impresa. Io ho sempre udito dire che chi non s'arrischia non guadagna. Chi sa che il Cielo non abbia preparato per me questa ventura?

Bertoldo mostra di non volere piú che lo sbirro entri nel sacco, per fargliene venir piú desiderio

Bertoldo. Io non ti so dire tante chiacchiere. Colui che non conosce la fortuna quando gli viene in mano, la va poi cercando indarno[1]. Se il Cielo vuol farti questo dono, perché lo vuoi tu ricusare[2] ? Ma io so bene che, se tu conoscessi la mia sincerità, non faresti tante repulse[3]. Orsú, fratello, fa' quello che ti pare. Io non voglio piú starmi affaticare in farti tanti prologhi[4] ; ecco ch'io entro nel sacco, vienmi pure a serrare: io non direi piú nulla per tutto l'oro del mondo.

Sbirro. Fèrmati ancora un poco, ché v'è ben del tempo da entrarvi dentro.

Bertoldo. Chi ha tempo non aspetti tempo. Io veggo che tu non sai conoscer tua ventura, e però non voglio piú star a intuonarti il capo[5], perché pazzo è colui che vuol far del ben e (altrui) a suo dispetto.

Lo sbirro si risolve d'entrar nel sacco

Sbirro. Orsú, io conosco veramente che queste tue parole vengono da un puro zelo d'amore che tu mi porti, e veggo che tu ti scomodi molto per me; però io non voglio abusare simil cortesia. Eccomi qui risoluto per entrare

---

1. **indarno**: invano.
2. **ricusare**: rifiutare.
3. **non faresti tante repulse**: non ti opporresti.
4. **prologhi**: discorsi che introducono e motivano la proposta rivolta; nelle commedie greche e latine il prologo è un breve discorso che dà in succinto l'argomento dell'opera.
5. **intuonarti il capo**: riempirti la testa; ripeterti in continuazione.

nel sacco e fare quel tanto che tu hai detto, perché, quando avrò sposata costei, bisognerà ben poi ch'ella sia mia e che tutti abbiano pazienza al suo dispetto.

Bertoldo. Orsú vien pur, serra il sacco, ch'io entro dentro.

Sbirro. Aspetta, non v'entrare, perché io sono risoluto d'entrarvi.

Bertoldo. Io non voglio piú farne altro; vien pur, lega la bocca del sacco.

Sbirro. Di grazia, caro fratello, non mi vietare simil ventura, ch'io te la domando per cortesia.

Bertoldo. Orsú, io non voglio mancare di farti questo beneficio, sebbene tu m'hai fatto alterare alquanto. Entra dunque dentro e non stare a parlar piú, ma sta' aspettar quello che ha da venire, che domattina vedrai che opera io avrò fatto per te.

Sbirro. S'io non t'avessi[1] per galantuomo e per uomo schietto, io non mi lascerei ridurre[2] a serrarmi in questo sacco; ma si vede che sei l'istessa bontà[3].

Bertoldo. Il Ciel ti fa parlare adesso. Orsú, caccia ben dentro quell'altro braccio, e abbassa un poco piú la testa, perché tu sei un poco piú alto di me, e non potrei legar la bocca.

Sbirro. Ohimè, io mi stroppio[4] il collo. Orsú, lega pure, in ogni modo non ponno star arrivare i parenti, secondo che tu hai detto.

Bertoldo. Fra due o tre ore al piú sarai espedito. Orsú, io t'ho legato; sta' cheto e non dir piú nulla, acciò la cosa vada com'ha da andare.

Sbirro. Io non parlerò piú; ma appoggiami al muro, perché mi stancherei a star ritto tanto.

Bertoldo. Eccoti appoggiato. Stai tu bene?

Sbirro. Benissimo.

Bertoldo. Orsú zitto e senza lingua[5] ; e sappiti reggere, che 'l bisogna.

Sbirro. Io non parlo piú; e sta' pur cheto ancora tu, e lascia che venga la sposa.

---

1. **s'io non ti avessi**: se io non ti considerassi.
2. **ridurre**: convincere.
3. **l'istessa bontà**: la bontà personificata.
4. **stroppio**: storpio.
5. **senza lingua**: non parlare.

OSSERVAZIONI E PROPOSTE DI LAVORO

RIFLETTI E RISPONDI

L'ingegno del villano Bertoldo appare vivissimo nel dialogo con lo sbirro. Egli deve trovare il modo di togliersi da un guaio che, quasi sicuramente, gli sarà letale e ottiene ciò che desidera non per mezzo della forza ma agendo innanzitutto sulla psicologia del suo guardiano.

- Dapprima Bertoldo ricorre ad un' *«astuzia nobilissima» (vedi pag. 62)*. Che cosa tenta di stuzziccare nello sbirro intessendo un discorso colmo di disperazione? Riesce nello scopo? Che effetto produce il suo tentativo?

«Eh, fratello, a te non importa saper le mie miserie, però lasciami lamentare, e tu attendi a far l'ufficio al quale sei stato messo.»

- Bertoldo implora la compassione dello sbirro? Quale atteggiamento ambiguo assume? Se si fosse lasciato andare a pregare il suo carceriere, quale reazione avrebbe presumibilmente avuto da quest'ultimo?

«Mi vogliono dar moglie.»

- Che cosa fa lo sbirro alla rivelazione di Bertoldo? Che fortune s'attribuisce il villano descrivendole come sciagure? Qual è la prova finale che conferma allo sbirro la sincerità di Bertoldo? Ancora una volta le parole di quest'ultimo o qualcosa d'altro?

DOCUMENTATI E RISPONDI

Frustare, dar della fune, mandare in galera, far impiccare, far squartare, abbruciare: nel testo del Croce sono elencate pene tra le quali ve ne sono di severissime e terribili.

- Nel Medioevo e al tempo dello scrittore queste pene erano realmente comminate? Per quali reati?
- Oltre alla morte, quali altre sofferenze doveva sopportare un accusato?
- Oggi nel nostro Paese è ancora prevista la pena di morte? Se sí, in che occasione e in base a quali principi?

Bertoldo compra il porchetto[1] e lascia lo sbirro nelle peste[2]

Posto ch'ebbe Bertoldo lo sciocco sbirro nel sacco, fece pensiero di subito scampar via e non aspettare altrimenti la tempesta che gli era per cadere addosso la mattina che succedeva[3] ; e, bisognando passare per le stanze della Regina, accostò piú volte l'orecchio, se udiva nessuno; né sentendo anima nata[4] per quelle camere (perché erano tutti nel primo sonno) aperse l'uscio pian piano della camera dov'egli era ed entrò nella sala, e di qui nella camera dove dormiva la Regina, e appressatosi al letto di lei cheto cheto trovò ch'essa dormiva come un tasso, onde pensò di fargli una beffa e, preso una delle sue vesti, se la pose indosso e cosí vestito da donna passò per tutte le altre stanze, dove dormivano le dame, e, avendo trovato le chiavi di tutte le porte del capo[5] del letto della nutrice, aperse destrissimamente tutti gli usci ed uscí fuori del palazzo. Ed essendo nevato[6] la notte, aveva paura che le sue pedate non lo scoprissero; onde, come astuto, si pose le scarpe in piedi alla roversa, a tale che, in cambio[7] d'andare in là, pareva ch'ei venisse in qua. Cosí, tanto andò di qua e di là, che alfine[8] capitò ad un forno dietro le mura della città, e si ficcò dentro.

La Regina non trovando la veste dà la colpa allo sbirro, che l'abbia rubata, e credendo parlar con Bertoldo parla con lo sbirro, ch'era nel sacco

Venuta la mattina, entrarono le damigelle per vestir la Regina, né trovando la veste ch'esse gli avevano cavato la

---

1. **porchetto**: maiale giovane, dalle carni tenere.
2. **nelle peste**: nei guai.
3. **succedeva**: seguiva.
4. **nata**: viva.
5. **del capo**: a capo.
6. **nevato**: nevicato.
7. **pedate**: orme.
8. **in cambio**: invece.
9. **alfine**: alla fine.

sera, restarono tutte ammirate e stupefatte. Alfine la Regina, fattosi portare altra veste, si levò tutta furiosa e subito andò nella camera dove aveva lasciato Bertoldo nel sacco, né vedendo la guardia ch'ella aveva messa alla custodia sua, dubitò che lo sbirro fosse stato quello che gli avesse rubato la veste, e che si fosse gito[1] con Dio, e giurò, se lo poteva aver nelle mani, di farlo subito impiccare. Poi, accostatasi al sacco, disse: Ebbene, galantuomo, se' tu piú dell'umor di prima?

Sbirro. Signora no, anzi son qui per pigliarla quanto prima.

Regina. Che cosa vuoi tu pigliare, una medicina?

Sbirro. L'avete voi posta all'ordine[2] ?

Regina. La faremo metter all'ordine or ora.

Sbirro. Quanto piú presto sarà ispedito, l'avrò piú caro.

Regina. Non passerà molto tempo, che tu sarai consolato.

Sbirro. Non vedo l'ora d'aver quest'allegrezza. Su, fate ch'ella sia condotta or ora.

Regina. Dico che fra poco ti condurremo da lei, sta' pur allegro.

Sbirro. Se i nostri patti sono ch'ella venga in questa camera e ch'io la sposi incognitamente[3] , e ch'io tiri le due mila doble poi come l'avrò sposata, a che voler farmi andar da lei? Fate ch'ella sia condotta qua, e farò quel tanto ch'io ho da fare.

Regina. Che parla questo villano di sposa e di doble? Cavatelo un poco fuori di quel sacco, ch'io lo veggia in viso.

LO SBIRRO ESCE FUORI DEL SACCO IN CAMBIO DI BERTOLDO, E LA REGINA TUTTA STUPEFATTA DICE:

Regina. Chi t'ha posto in questo sacco, sciagurato?

Sbirro. Colui che aveva da essere lo sposo, il quale, non volendo colei che gli volete dare, ha rinunciato[4] a me questa ventura. Però fate venir la sposa e le doble, ch'io

---

1. **gito**: andato, fuggito.
2. **voi posta all'ordine**: ordinata.
3. **incognitamente**: in incognita.
4. **ha rinunciato**: ha ceduto, ha lasciato.

son qui per far quel tanto che va fatto.

Regina. Che sposa? che doble dici tu? Parla piú chiaro, ch'io t'intenda.

Sbirro. La sposa che volevate dare a quel villano con quelle due mila doble.

Regina. T'ha forse dato colui a intendere questa pappolata[1] ?

Sbirro. Dico ch'egli ha detto del miglior senno ch'egli ha[2] , e m'ha posto in questo sacco apposta ed ei se n'è fuggito via; però vengasi[3] all'espedizione fin ch'io son di vena di fare la ricevuta[4].

Lo sbirro vien bastonato; poi, tornato nel sacco, è mandato a gettar nell'Adige

Regina. Adesso, adesso farò venir le doble; intanto prepàrati al ricevere, ch'io voglio che il contratto sia fatto a tue spalle.

Sbirro. Io sono qui per questo, e un'ora mi pare mille anni di contarle; ma avvertite ch'io le voglio di peso, e traboccanti[5].

Regina. Tu le conterai prima; poi, se non saranno di peso, io te le farò cambiare. In questo mezzo comincia a contare, e quelle che ti paiono leggere, dillo.

Il che detto, subito fece comparire quattro de' suoi serventi[6] con un buon bastone per uno, i quali tosto cominciarono a bastonare il povero sbirro, il quale, sentendosi tempestare con tanta rovina, incominciò a gridare e raccomandarsi; ma nulla gli giovò, perché coloro lo lasciarono in terra come morto, né bastò di questo, ché la Regina lo fece tornar nel sacco e portarlo a gettar nel fiume, e cosí quel povero

---

1. **pappolata**: discorso incoerente e sciocco; stupidaggine.
2. **del miglior senno ch'egli ha**: con tutta la saggezza che possiede.
3. **vengasi**: si faccia.
4. **son di vena di fare la ricevuta**: mi va di accondiscendere a ciò che mi è stato chiesto.
5. **ch'io le voglio di peso, e traboccanti**: voglio che mi siano date di buon metallo pesante e in grande quantità.
6. **in questo mezzo**: nel frattempo.
7. **serventi**: servitori.

disgraziato tirò le doble di peso, mal per lui, e in cambio di prender moglie s'ammogliò nell'Adige del tutto.

Bertoldo sta nel forno e la Regina il fa[1] cercar per tutto

Dopo che l'infelice sbirro fu mandato a bere, si fece gran diligenza[2] per trovar Bertoldo; ma, per le pedate volte alla roversa, non poteva(si) comprendere ch'ei fosse uscito fuori di corte, e la Regina lo fece cercar per tutto, con animo risoluto di farlo impiccare, parendogli per grave[3] la beffa della veste e dello sbirro.

Bertoldo viene scoperto nel forno da una vecchia e si divulga per tutto la Regina esser nel forno

Stava dunque il misero Bertoldo in quel forno, e udiva il tutto, e cominciò a temere molto della morte, e si pentí d'esser mai andato in quella corte, e non ardiva d'uscire fuori per non essere preso, sapendo che la Regina gli aveva malanimo[4] addosso, e ora tanto piú, avendogli fatto la burla dello sbirro e della veste, dubitava ch'ella non lo facesse impiccare. Ora avendo indosso quella veste, ch'era lunga, né avendola tirata ben dentro del forno tutta, essendone restato fuori un lembo, volle la sua mala sorte ch'ivi venne a passare una vecchia appresso al detto forno, e conosciuto l'orlo della veste, che pendeva fuori, che quella era una delle vesti della Regina, si pensò che la Regina fosse rinchiusa nel detto forno; onde andò in un tratto da una sua vicina e gli disse che la Regina era in quel forno. Andò colei seco[5] e, guardando nel forno, vide la detta veste e, conoscendola, lo disse ad un'altra, quell'altra

---

1. **il fa**: lo fa.
2. **si fece gran diligenza**: ci si diede un gran daffare a.
3. **per grave**: un fatto grave con prevedibili preoccupanti conseguenze.
4. **gli aveva malanimo**: era di cattivo umore.
5. **seco**: con sé.

OSSERVAZIONI E PROPOSTE DI LAVORO

RIFLETTI E RISPONDI

Bertoldo, dopo aver rinchiuso nel sacco lo sbirro, pensa a fuggire per salvare la pelle. Tuttavia, alla ricerca delle chiavi per uscire verso la libertà, passa dalla camera della regina e coglie l'occasione che gli si offre per un'ennesima beffa...

- Cosa combina di nuovo?
- Quale aspetto della sua natura luciferina gli impedisce di andarsene il piú velocemente possibile da quel luogo per lui divenuto pericoloso?
- Ti pare che egli abbia veramente paura?
- Cosa avresti fatto tu nei panni del nostro personaggio?

Il colloquio tra lo sbirro e la regina è percorso da quella comicità che dà l'equivocare con le parole.

- Ricerca nel testo le frasi piú significative al riguardo.

La regina non mostra alcuna pietà per il suo servitore che si è fatto ingannare da Bertoldo ma è innocente davanti alla sovrana.

- Come giudichi la decisione della regina? Prova ad immaginare un epilogo differente per la vicenda del povero sbirro.
- Anche Croce ironizza sulla sorte capitata all'uomo. Con quali parole?

Bertoldo sbeffeggia sia il re che la regina. Ma la reazione dei due sovrani è alquanto differente.

- Da quali sentimenti è viziato l'atteggiamento e il giudizio della sovrana nei confronti del villano?
- La regina vorrebbe veder impiccato Bertoldo per la faccenda dello sbirro. E il re, a tuo parere, come si sarebbe comportato?
- Travestirsi da donna (o da uomo) è uno degli espedienti del teatro comico di ogni tempo. Ricordi qualche esempio?

ad un'altra e cosí di mano in mano, a tale che non fu[1] mezza mattina, che per tutta la città andò la nova che la Regina era in un forno dietro le mura della città.

Il Re dubita che Bertoldo non abbia portato la Regina in quel forno, e va a chiarirsi del fatto

Udendo il Re simil fatto, dubitò che Bertoldo avesse portato la Regina in quel forno, perché lo conosceva tanto tristo, che credeva ch'ei potesse fare ogni cosa, e le stratagemme del passato maggiormente gli crescevano[2] il sospetto; onde subito andò alla camera della Regina, e la trovò, ch'ella era tutta arrabbiata; e, intesa da lei la beffa della veste, si fece condurre a quel forno, e guardandolo in esso vide costui avviluppato nella veste della Regina e tosto lo fece tirar fuori, minacciandolo della morte; e cosí fu spogliato della veste il povero villano, e restò con gli suoi strazzi[3] intorno, e tra che esso era brutto di natura, e avendosi tutto tinto il mostaccio nel detto forno, pareva proprio un diavolo infernale.

Bertoldo è tirato fuori dal forno e il Re sdegnato dice:

Re. Pur ti ci ho colto, ma questa volta non scamperai del certo[4] , se non sei il gran diavolo.

Bertoldo. Chi non vi è, non vi entri, e chi v'è non si penti.

Re. Chi fa quello che non deve, gli avviene quello che non crede.

Bertoldo. Chi non vi va non vi casca, e chi vi casca non si leva netto[5].

Re. Chi ride il venere[6] , piange la domenica.

---

1. **che non fu**: che non passò.
2. **crescevano**: accrescevano.
3. **gli suoi strazzi**: i suoi stracci, cenci.
4. **del certo**: certamente.
5. **netto**: pulito.
6. **venere**: venerdí.

Bertoldo. Dispicca[1] l'appiccato, egli t'appiccherà[2] poi te.
Re. Fra carne e unghia nissun[3] non vi pungia[4].
Bertoldo. Chi è in difetto, è in sospetto.
Re. La lingua non ha osso e fa rompere il dosso[5].
Bertoldo. La verità vuol star di sopra.
Re. Ancor del ver si tace qualche volta.
Bertoldo. Non bisogna fare, chi non vuol che si dica.
Re. Chi si veste di quel d'altri, presto si spoglia.
Bertoldo. Meglio è dar la lana, che la pecora.
Re. Peccato vecchio, penitenza nuova.
Bertoldo. Pissa[6] chiaro, indorme[7] al medico.
Re. Il menar delle mani dispiace fino ai pedocchi.
Bertoldo. Ed il menar de' piedi dispiace a chi è tratto giú dalle forche.
Re. Fra poco tu sarai uno di quelli.
Bertoldo. Innanzi orbo[8] , che indovino.
Re. Orsú, lasciamo andare le dispute da un lato. Olà, cavalieri di giustizia, e voi altri ministri, pigliate costui e menatelo or ora a impiccare a un arbore[9] , né si dia orecchia[10] alle sue parole, perché costui è un villano tristo e scellerato, che ha il diavolo nell'ampolla[11] , e (un) giorno sarebbe buono per rovinare il mio stato. Sú, presto, conducetelo via, né si tardi piú.
Bertoldo. Cosa fatta in fretta non fu mai buona.
Re. Troppo grave è stato l'oltraggio che tu hai fatto alla Regina.
Bertoldo. Chi ha manco[12] ragione, grida piú forte. Lasciami almeno dire il fatto mio.

---

1. **dispicca**: togli dalla forca.
2. **t'appiccherà**: ti impiccherà.
3. **nissun**: nessuno.
4. **pungia**: punga.
5. **dosso**: dorso; schiena.
6. **pissa**: piscia, urina.
7. **indorme**: si fa beffe; l'espressione indica di non aver timore.
8. **innanzi orbo**: innanzitutto cieco.
9. **arbore**: albero.
10. **si dia orecchia**: si dia ascolto.
11. **che ha il diavolo nell'ampolla**: che ha il diavolo al suo servizio.
12. **chi ha manco**: chi neppure ha.

Re. Alle tre si fa cavallo[1] , e tu glie n'hai fatte piú di quattro, che gli sono state di troppo affronto. Va' pur via.

Bertoldo. Per aver detto la verità ho da patir la morte? Deh, non esser cosí crudele contra di me, ti prego.

Re. Tu sai bene quello che dice il proverbio: odi, vedi e tace, se vuoi vivere in pace; e chi vuol bene a madonna, vuol bene a messere[2]. Però non mi star piú a intronar l'orecchie, perché quanto piú preghi, piú gitti indarno le parole e pesti l'acqua in mortaio.

Esclamazione di Bertoldo per la sentenza data dal Re contra di lui

Bertoldo. Orsú pure, il proverbio dice il vero: o servi come servo, o fuggi come cervo, perché cervi con corvi non si cavano mai gli occhi, e i parenti si vedono condurre alla forca, ma fra loro non si appiccano; però tutto quello che luce non è oro, ma chi non fa non falla; parola detta e pietra tratta non può tornar addietro, e un torso di verze è cagione talora della morte di mille mosche; ma tal mi ride in bocca che ha il rasoio sotto, onde meglio è un'oncia[3] di libertà, che dieci libbre[4] d'oro, perché alla fine lupo non mangia lupo, e però per cantare il corvo perse il formaggio, come ho fatto io, che, per aver canzonato in amaro, son ridotto al buco del gatto, né mi scamperiano[5] le ali di Dedalo[6] , ché il re ha già dato la sentenza, e la sua parola non può tornare addietro, ancorché si dica che chi può fare può anco disfare.

---

1. **alle tre si fa cavallo**: la terza volta si castiga.
2. **messere**: titolo di rispetto che si dava una volta alle persone di qualche importanza, specialmente a giuristi, notai, uomini di chiesa, ecc.
3. **oncia**: la dodicesima parte di una quantità; in particolare la dodicesima parte della libbra e dell'asse.
4. **libbre**: la libbra era un peso usato anticamente che si compone di dodici once, pari a circa 340 grammi.
5. **mi scamperiano**: mi potrebbero dare scampo; salverebbero.
6. **Dedalo**: architetto che costruí il labirinto di Cnosso (Creta), in cui il re Minosse lo fece rinchiudere con il figlio Icaro.

Astuzia ultima di Bertoldo per campar la vita seguitando il suo dire

Bertoldo. Orsú pur Bertoldo, qui ti bisogna far animo di leone e mostrar la tua generosità a questo passo, poiché tanto dura il dolore, quanto tarda il morire, e quello che non si può vendere si deve donare. Eccomi dunque pronto, o Re, a eseguire quanto hai ordinato. Ma, prima ch'io muoia, io bramo una grazia da te, e sarà l'ultima che mi farai piú.

Re. Eccomi pronto per fare quello che mi dimandi, ma di' presto, che m'hai fastidito[1] con quel tuo lungo cianciume[2].

Bertoldo. Comanda, ti prego, a questi tuoi ministri, che non mi appicchino sin tanto che io non trovo una pianta o arbore che mi piaccia, che poi morirò contento.

Re. Questa grazia ti sia concessa. Su, conducetelo via, né lo sospenderete se non a una pianta che gli piaccia, sotto pena della mia grazia. Vuoi altro da me?

Bertoldo. Altro non ti chieggio[3] , e ti rendo grazie infinite.

Re. Orsú, addio Bertoldo, abbi pazienza per questa volta.

Bertoldo non trova arbore né pianta che gli piaccia, onde i ministri infastiditi lo lasciano andare

Non comprese il Re la metafora di Bertoldo, onde costoro lo menarono in un bosco pieno di varie piante, e, quivi non ve ne essendo[4] nissuna che gli piacesse, lo condussero per tutti i boschi d'Italia, né mai poterono trovare pianta, arbore né tronco che gli piacesse; onde, fastiditi[5] del lungo viaggio e ancora avendo conosciuto la sua grande astuzia, lo slegarono e lo posero in libertà, e ritornati al Re gli narrarono il tutto; il quale oltre modo[6] si stupí del gran giudizio e sottile ingegno di costui, tenendolo per uno de' piú accorti cervelli che fossero al mondo.

---

1. **che m'hai fastidito**: che m'annoi.
2. **cianciume**: un discorso a vanvera e prolisso.
3. **chieggio**: chiedo.
4. **ve ne essendo**: essendocene.
5. **fastiditi**: stanchi.
6. **oltre modo si stupí**: riuscí a stupirsi ancora di piú.

OSSERVAZIONI E PROPOSTE DI LAVORO

BUFFONI E MENESTRELLI ALLE CORTI RINASCIMENTALI

L'arte del far ridere, dell'intrattenere il pubblico con storie e canti, dello stupire con acrobazie e prodigi è qualcosa di antico quanto l'uomo.
Tutti gli uomini hanno bisogno di ridere. Chi non sa ridere — e sorridere — corre il serio pericolo di ammalarsi.
I re, gli imperatori, i signori nobilissimi tenevano presso le loro corti quei personaggi estremamente versatili, talvolta ambigui e quasi diabolici, che altro non erano se non i buffoni, i menestrelli, i saltimbanchi.

- Cosa doveva saper fare un buffone accolto in una di queste principesche corti? Che aspetto aveva? Pensa ovviamente ai ritratti dell'epoca, ai personaggi dei film, e cosí via.
- E qual era il compito del menestrello, del cantastorie? Questa figura la si poteva incontrare anche all'esterno delle corti? Dove?
- I saltimbanchi erano personaggi in qualche modo riconducibili agli acrobati del circo?

Saprai che, tra i buffoni di corte, c'erano parecchi nani.

- Sai da cosa dipende la loro statura molto al di sotto della media? Perché questi piccoli ma arguti uomini venivano ricercati particolarmente dai re e dai principi?
- Quali doti la fantasia popolare ha sempre attribuito loro?

I buffoni e i cantastorie, abili adulatori e dispensatori di saggezza, sapevano generalmente far accettare alle "teste coronate" le osservazioni e le critiche piú scomode.

- Prova a spiegarne il motivo.
- Nella nostra cultura chi ha preso il posto dei buffoni e dei cantastorie accanto ai potenti?
- Quali poteri aveva sul suo buffone di corte un re o un principe?

Il Re manda di nuovo a cercar Bertoldo e, trovatolo, va in persona dove sta, e con preghi e gran promesse lo fa tornare alla corte

Passato lo sdegno del Re, mandò di nuovo a cercar Bertoldo e, trovatolo, lo fece pregare a tornare in corte, che il tutto gli era stato perdonato; ed esso gli mandò a dire che cavoli riscaldati né amore ritornato non fu mai buono, e che non v'era tesoro che pagasse la libertà. Onde il Re vi andò in persona e lo pregò e supplicò tanto, che alfine (benché contra sua voglia) lo condusse in corte, e gli fece perdonare dalla Regina, e volle ch'ei stesse sempre appresso della sua persona, né faceva cosa alcuna senza il consiglio di lui. E mentre ch'ei stette in quella corte, ogni cosa andò di bene in meglio; ma essendo egli usato a mangiar cibi grossi[1] e frutti selvatichi, tosto ch'esso incominciò a gustar di quelle vivande gentili e delicate s'infermò[2] gravemente a morte, con grandissimo dispiacere del Re e della Regina, i quali dopo la sua morte vissero poi sempre sotto[3] una vita trista e infelice.

Morte di Bertoldo e sua sepoltura

I medici non conoscendo la sua complessione[4] , gli facevano i rimedi che si fanno alli[5] gentiluomini a cavalieri di corte; ma esso, che conosceva la sua natura, teneva domandato[6] a quelli che gli portassero una pentola di fagiuoli con la cipolla dentro, e delle rape cotte sotto la cenere, perché sapeva lui che con tali cibi sarebbe guarito; ma i detti medici mai non lo vollero accontentare. Cosí finí sua vita con questa volontà colui ch'era tenuto[7] un altro Esopo[8] da tutti, anzi un oracolo, e fu pianto da tutta la corte, e il Re lo fece seppellire con grandissimo onore, e quei medici si

---

1. **cibi grossi**: cibi grossolani con ingredienti indigesti.
2. **s'infermò**: s'ammalò.
3. **sotto**: oberati da.
4. **complessione**: costituzione fisica.
5. **alli**: ai.
6. **teneva domandato**: domandava insistentemente.
7. **ch'era tenuto**: era considerato.
8. **Esopo**: favolista greco vissuto tra il VII ed il VI secolo a. C.

pentirono di non aver dato quant'esso gli[1] domandava nell'ultimo[2], e conobbero ch'egli era morto per non l'avere essi contentato; e il Re, a perpetua memoria di questo grand'uomo, fece scolpire nella sua sepoltura[3] in lettere d'oro i seguenti versi in forma di epitafio[4], facendo vestire di nero tutta la sua corte, come se fosse morto uno dei primi di quella.

Epitafio di Bertoldo

In questa tomba tenebrosa e scura
Giace un villan di sí difforme aspetto,
Che piú d'orso che d'uomo avea figura,
Ma di tant'altro e nobile intelletto,
Che stupir fece il mondo e la natura.
Mentr'egli visse, e fu Bertoldo detto,
Fu grato al Re; morí con aspri duoli[5]
Per non poter mangiar rape e fagiuoli.

Detti sentenziosi di Bertoldo innanzi alla sua morte

Chi è uso alle rape non vada ai pasticci[6].
Chi è uso alla zappa non pigli la lancia.
Chi è uso al campo non vada alla corte.
Chi vincerà il suo appetito sarà un gran capitano.
Chi non mangia da tutte due le bande[7], non è buona simia[8].
Chi guarda fisso nel sole, e non stranuta, guàrdati da quello.

---

1. **gli**: loro.
2. **nell'ultimo**: alla fine della sua vita.
3. **nella sua sepoltura**: sulla sua tomba.
4. **epitafio**: epitaffio; iscrizione sepolcrale.
5. **aspri duoli**: duri tormenti.
6. **pasticci**: cibi raffinati e sofisticati.
7. **tutte e due le bande**: con ambedue le mani.
8. **simia**: scimmia.

Chi ogni dí si veste di nuovo, grida ognor[1] con il sartore.
Chi lascia stare i fatti suoi per far quelli d'altri, ha poco senno.
Chi vuol salutare ognuno frusta[2] presto la berretta.
Chi batte la moglie dà da mormorare ai vicini.
Chi misura il suo stato non sarà mai mendico.
Chi gratta la rogna[3] d'altri, la sua rinfresca.
Chi promette nel bosco, deve osservare la parola nella città.
Chi ha paura degli uccelli, non semini il miglio.
Chi sarà come il riccio, starà sempre sicuro in casa.
Chi va in viaggio porti il pane in seno e il bastone in mano.
Chi crede ai sogni fonda i suoi pensieri nella nebbia.
Chi pone la sua speranza in terra, si discosta dal cielo.
Chi è pigro delle mani[4] non vada a tinello[5].
Chi ti consiglia in cambio d'aiutarti, non è un buon amico.
Chi castiga la cagna, il cane sta[6] discosto.
Chi invita la formica d'estate, non va per pane in presto il verno[7].
Chi tira il sasso in alto, gli torna a dare[8] sul capo.
Chi va alla festa e ballar non sa, ingombra il loco e altro non fa.
Chi vuol moglie per roba, la borsa va a marito.
Chi dà il maneggio[9] di casa alle donne, ha sempre il filiere[10] all'uscio.
Chi non può portar la sua pelle è una trista pecora.
Chi usa la roba in mala parte, alla morte vede le sue partite.
Chi loda uno innanzi che l'abbia praticato, spesso si dà delle mentite[11] da se stesso.

---

1. **ognor**: ogni volta.
2. **frusta**: logora, consuma.
3. **rogna**: malattia della pelle; scabbia.
4. **delle mani**: nell'uso delle mani.
5. **a tinello**: stanza dove mangiavano i servitori.
6. **sta**: stia.
7. **in presto il verno**: in prestito durante l'inverno.
8. **gli torna a dare**: ricade.
9. **maneggio**: gestione, controllo.
10. **filiere**: chiacchierone, perdigiorno.
11. **si dà delle mentite**: si smentisce.

Chi dà del pane ai cani d'altri, spesso vien latrato[1] dai suoi.
Chi non dà la sua mercede[2] all'operaio non ha dell'uomo giusto[3].
Chi mangia a gusto[4] d'altri non mangia mai cosa che gli faccia pro[5].
Chi si pretende di saper nulla, quello è piú sapiente degli altri.
Chi vuol correggere altrui, diasi buon esempio a se medesimo.
Chi fugge le volontà terrene mangia frutti celesti.
Chi si trova senza amici è come corpo senza anima.
Chi manda la sua lingua avanti del pensiero non ha del saggio.
Chi all'uscir di casa pensa quello che ha da fare, quando torna ha finito l'opera.
Chi dà presto quello che promette, dà due volte.
Chi pecca, e fa peccar altrui, ha da far due penitenze in una volta.
Chi a se stesso non è buono, manco può esser buono per altri.
Chi vuol seguir la virtú, bisogna scacciare il vizio.
Chi domanda quello che non spera d'avere, a se stesso nega la grazia.
Chi ha buon vino in casa, ha sempre i fiaschi alla porta.
Chi elegge[6] l'armi vuol combattere con vantaggio.
Chi naviga nel mar delle sensualità si sbarca al porto delle miserie.
Chi del ben d'altri si attrista[7], altri ride del suo male.
Chi ti lecca dinanzi, ti morde di dietro.
Chi sta in sospetto, vada a buon'ora a letto.
Chi ha la virtú per guida va sicuro al[8] suo viaggio.

---

1. **latrato**: sente i latrati dei suoi cani affamati.
2. **mercede**: ricompensa, paga.
3. **non ha dell'uomo giusto**: non è un uomo giusto.
4. **a gusto**: secondo i gusti, assecondando le preferenze.
5. **pro**: bene.
6. **elegge**: sceglie.
7. **si attrista**: si duole, si dispiace.
8. **al**: nel.

OSSERVAZIONI E PROPOSTE DI LAVORO

RIFLETTI E RISPONDI

«...ed esso [Bertoldo] gli mandò a dire che cavoli riscaldati né amore ritornato non fu mai buono, e che non v'era tesoro che pagasse la libertà.», «...ma essendo egli usato a mangiar cibi grossi e frutti selvatici, tosto ch'esso cominciò a gustar di quelle vivande gentili e delicate s'infermò gravemente a morte...»
Il villano Bertoldo, come si capisce da queste parole, è un individuo libero, indifferente alle lusinghe del potere.

- Perché allora il nostro personaggio è rimasto tanto a lungo alla corte del re Alboino?
- Ti sembra che Bertoldo possa considerarsi in qualche misura servitore del re?

Bertoldo muore perché è ormai un disadattato, incapace di accettare la raffinatezza della vita di corte.

- Quali sono queste raffinatezze cosí nocive a Bertoldo?
- I cibi sofisticati, che noi uomini moderni siamo soliti consumare, fanno veramente male alla salute? Perché?
- La tua alimentazione è piú simile a quella di Bertoldo o ha le caratteristiche dei cibi preparati alla corte del fantastico Alboino del Croce?

I «Detti sentenziosi di Bertoldo innanzi alla sua morte» comprendono un elenco di LUOGHI COMUNI, *di* PREGIUDIZI *e di* AFFERMAZIONI SOSTENUTE DAL COSIDDETTO BUON SENSO.

- Distingui sul testo i tre aspetti.

DOCUMENTATI E RISPONDI

«...colui ch'era tenuto un altro Esopo...»
Esopo è uno dei piú grandi fabulatori classici.

- Chi è Esopo? Dove visse?
- Hai mai letto le sue favole? Ricercane qualcuna e sintetizzane brevemente il contenuto.
- Cosa potrebbero avere in comune Bertoldo ed Esopo? (pensa alla morale contenuta nelle rispettive storie)

Testamento di Bertoldo trovato al capezzale del suo letto, dopo la sua morte

Queste sentenze tutte fece il re imprimere in lettere d'oro, e quelle poner sopra la porta della sala regia, acciò ognuno le potesse vedere, né si poteva consolare della perdita di cosí grand'uomo. E quelli i quali erano restati custodi della camera del detto Bertoldo, nell'accomodare il letto dove esso dormir solea, trovarono sotto il matarazzo[1] un fagotto di stracci e di scritture, dove senz'altro indugio portarono il detto stramazzo[2] innanzi al Re; il quale, facendolo subito sciorre[3] , trovò tra quelle tattare[4] il testamento che il detto aveva fatto molti giorni innanzi ch'ei morisse, né mai l'aveva palesato[5] a nissuno: la causa, forse, acciò che nissuno non sapesse di che stirpe né di che parte egli fosse, essendo un uomo cosí stravagante. Or sia come si voglia, comandò il Re adunque che subito si andasse per il[6] notaro che l'aveva fatto, acciò glielo leggesse alla presenza sua; e cosí il detto notaro comparve in un tratto e, fatto la debita riverenza al Re, disse:

Notaro. Eccomi, Sacra Corona, per eseguire quel tanto che da lei mi sarà comandato.

Re. Avete voi fatto il testamento di Bertoldo?

Notaro. Sí, Sacra Maestà, ch'io l'ho fatto.

Re. E quanto è, che l'avete fatto?

Notaro. Può essere da tre mesi in circa[7].

Re. Or eccolo, prendetelo e leggetelo voi, ché questa lettera notaresca[8] non capisco troppo, per le stravaganti zifere[9] che voi solete fare per dentro.

Notaro. Anzi, signore, ch'io non so scrivere se non volgare, perché mai non potei passare il Donato[10] con tutto ciò

---

1. **matarazzo**: materasso.
2. **stramazzo**: pagliericcio.
3. **sciorre**: dipanare, sbrogliare.
4. **tattare**: bagatelle, carabattole.
5. **palesato**: rivelato.
6. **per il**: dal.
7. **in circa**: circa.
8. **lettera notaresca**: scrittura notarile.
9. **zifere**: cifre, lettere.
10. **Donato**: Elio Donato, autore di un'antica grammatica latina.

ch'io andassi alla scuola ventidue anni, e però non attendo[1] ad altro che alle differenze de' villani.

Re. Qual è il vostro nome?

Notaro. Io mi addimando Cerfoglio de' Viluppi, per servirla sempre.

Re. Bel nome avete certo, e anche il cognome può passare; ma vi starebbe bene al parere mio nome Sier Imbroglio, poiché imbrogliate cosí bene il mondo. Orsú, leggete allegramente Sier Cerfoglio, e dite forte, adagio e chiaro, ch'io v'intenda.

Sier Cerfoglio legge il testamento

Al nome del buon cominciamento[2] , e sia in bene; vedendo e conoscendo noi Bertoldo figliolo del quondam[3] Bertolazzo, del già Bertuzzo, di Bertin, di Bertolin, da Bertagnana, che tutti noi mortali siamo proprio come tante vessiche[4] gonfie, che ogni piccola foratura le manda a spasso[5] , e che come l'uomo giunge a gli[6] settant'anni, come oramai io mi ritrovo, si può dire che sia su le ventitré ore e che non possa stare a battere le ventiquattro, e poi buona notte; però fin ch'io mi trovo un poco di sale nella zucca, voglio accomodare alquanto i fatti miei, con fare un poco di testamento, sí per mia sodisfazione, come anco per sodisfare a' miei parenti ed amici, ai quali io mi trovo esser obbligato; e cosí voi, Sier Cerfoglio, sarete pregato di rogarmi di questo mio testamento e mia ultima volontà e prima.

Lascio a Mastro Bartolo ciavattino le mie scarpe a quattro suole, e otto soldi di moneta corrente per essermi stato sempre amorevole ed avermi piú volte prestato la lesina da trapungere i tacconi e fatto altri servigi, etc.

Item a mastro Ambrogio spazzator di corte soldi dieci, per

1. **non attendo ad altro**: non bado ad altro.
2. **cominciamento**: inizio, introduzione.
3. **quondam**: del fu.
4. **vessiche**: vesciche.
5. **le manda a spasso**: le svuota, le sgonfia.
6. **a gli**: ai.

avermi piú volte portato il braghiero[1] a far conciare e fatto altri servigi, etc.
Item a barba[2] Sambuco ortolano il mio cappello di paglia, per avermi talora dato un mazzo di porri la mattina a buon'ora per fare buon stomaco e aguzzarmi l'appetito.
Item a mastro Allegretto canevaro[3] la mia correggia larga e il scarsellotto, per avermi empito il bottrigo[4] ogni volta che io ne avea bisogno, e fatti altri servigi, etc.
Item a mastro Marino cuoco il mio coltello e la mia guaina, per avermi alcune volte cotte delle rape sotto le ceneri e fatto delle minestre di fagiuoli con della cipolla, cibo conferente alla mia natura piú assai che le tortore, le pernici e i pastizzi[5] , etc.
Item alla zia Pandora bugattara[6] il mio paglierizzo dove dormo suso, e due scranne desligate e tre brazza di tela da farsi due grembiali, e questo per avermi piú volte lavato i scalfarotti[7] e tenuto nette le mie masserizie, etc.
Item il resto de' strazzi, tattare e ciangatole ch'io mi trovo nella camera, rinuncio e lascio a mastro Braghetton solfanaro[8] , per avermi talora portato a donare un castagnaccio, ed altre cosette uguali al mio gusto, etc.
Item lasso a Fighetto, ragazzo di corte, staffilate numero venticinque con un buon staffile, per avermi forato l'orinale e fattomi pisciare nel letto, e attaccatomi un chiocchetto ovvero zaganella di dietro[9] , e orinato in una scarpa e fattomi molte altre burle, e questo bramo sia eseguito quanto prima, perché egli è un gran tristo, etc.
Re. Di questo non si mancherà. Seguitate pur innanzi, Sier Cerfoglio.

---

1. **braghiero**: fasciature in cuoio per l'ernia inguinale.
2. **barba**: zio; appellativo di rispetto anticamente riservato agli anziani.
3. **canevaro**: cantiniere.
4. **bottrigo**: botticella; fiaschetta.
5. **pastizzi**: cibi sofisticati.
6. **bugattara**: lavandaia.
7. **scalfarotti**: grosse scarpe o pantofole imbottite.
8. **solfanaro**: pasticcere.
9. **attaccatomi un chiocchetto ovvero zaganella**: fattomi uno scherzo.

Notaro. Item perché quando venni qua giú, che ne foss'io digiuno, lasciai la Marcolfa mia moglie con un figlio chiamato Bertoldino, che deve avere da dieci anni in circa, né però mi lasciai intendere dove io mi gissi acciò non mi tenessero dietro, non avendo mostacci da comparire in questi luoghi, parendo piú tosto babuini che altro, e trovandomi aver un podere e certe poche bestiole, lascio la Marcolfa donna e madonna d'ogni cosa fin che il figliolo abbia venticinque anni, che poi allora voglio sia padrone assoluto d'ogni cosa, con patto che se esso piglia moglie, cerchi di non impiazzarsi[1] con gente da piú di sé,

Che non si domestichi con i suoi maggiori,
Che non dia danno ai suoi vicini,
Che mangi quando n'ha e che lavori quando può,
Che non pigli consigli da gente che sia andata a male,
Che non si lasci medicar a medico ammalato,
Che non si lasci cavar sangue a barbiero che gli tremi la mano,
Che dia suo dovere a tutti,
Che sia vigilante ne' suoi negozi,
Che non s'impacci in quello che non gl'importa,
Che non faccia mercanzia di quello che non s'intende,
E sopra il tutto ch'ei si contenti del suo stato, né brami di piú, e consideri che molte volte l'agnello va innanzi alla pecora, cioè che la morte ha la balestra in mano per tirare tanto a giovani quanto a vecchi; che se penserà a tutte queste cose, non inciamperà mai in cosa che gli possa dar danno, e farà felice ed ottimo fine.

Item[2] non mi trovando[3] altro, poiché non ho voluto accettar mai nulla dal mio Re, il quale non ha mancato di persuadermi a prendere da lui anelli, gioie, danari, vesti, cavalli ed altri ricchi presenti, perché forse con simil ric-

1. **impiazzarsi**: imparentarsi.
2. **item**: parimenti, altresí, inoltre; parola latina usata dai notai nei documenti ufficiali.
3. **non mi trovando**: non possedendo.

chezze non avrei mai posato, e forse ancora avrei fatto mille insolenze e fattomi odioso a tutti, come alcuni che, di bassi vili che sono, ascendono per fortuna a gradi alti e sublimi, né però con tante dignità non escono fuora dal fango del quale sono impastati; io mi contento di morir povero e sapere ch'io non ho mai usato adulazione al mio Re, ma sempre consigliatolo fedelmente in ogni occasione ch'egli mi ha chiamato, parlando liberamente secondo che l'ho inteso, e non altrimente, e, per mostrargli parimente[1] in quest'ultimo fine l'affetto ch'io gli porto, gli lascio questi pochi documenti, i quali non si sdegnerà[2] accettare ed osservare insieme, ancor ch'essi eschino fuor della bocca di un rustico villano, e sono questi, cioè:

Di tenere la bilancia giusta, tanto per il povero quanto pe 'l ricco;
Di far veder minutamente i processi, innanzi che si venga all'atto del condennare;
Di non sentenziare mai nessuno in collera;
Di farsi benevoli i suoi popoli;
Di premiare i buoni ed i virtuosi;
Di castigare i rei;
Di scacciar gli adulatori, i gnattoni e le lingue mal dicenti, che mettono fuoco per le corti;
Di non aggravare i suoi sudditi;
Di tenere la protezione delle vedove e pupilli, e difendere le loro cause;
Di espedire le liti, né lasciare straziar i poveri litiganti, né farli correre in su e giú per le scale del foro tutto il giorno;

Che osservando questi pochi ricordi vivrà lieto e contento e sarà tenuto da tutti per ottimo e giusto Signore, e qui finisco.

Udito il Re il prefato[3] testamento e gli ottimi ricordi a lui lasciati, non poté fare che non n'andasse le lagrime fuor degli occhi, considerando alla gran prudenza[4] che regnava

1. **parimente**: nello stesso modo, similmente.
2. **si sdegnerà**: disdegnerà, rifiuterà di.
3. **prefato**: già citato.
4. **prudenza**: saggezza.

in costui e l'amore e la fedeltà che esso gli aveva portato in vita e dopo la morte. È cosí, fatto donare a Sier Cerfoglio cinquanta ducati, lo licenziò; poi, secondo che il Magno Alessandro[1] conservò fra le piú care e preziose gioie l'Iliade d'Omero, cosí esso fece riporre il detto testamento fra le piú ricche e pregiate gemme. Poi cominciò a fare instanza che si trovasse dove fosse il suo figliolo Bertoldino e la Marcolfa sua moglie, e che si conducessero alla città, che per ogni modo li voleva appresso di lui, per memoria del detto Bertoldo; e cosí espedí alquanti[2] cavalieri, che l'andassero a cercare per quei monti e boschi vicini, e che non tornassero a lui se non gli avessero con essi. Cosí si partirono i detti cavalieri, e tanto andarono girando attorno, che li trovarono. Ma di quello che ne seguí, s'udirà in un altro volume[3] , e presto, che questo non passa piú oltre, per ora lasciandovi intanto il buon giorno. Addio.

---

1. **Magno Alessandro**: Alessandro Magno, condottiero e re di Macedonia, ebbe Aristotele come precettore.
2. **alquanti**: molti.
3. **in un altro volume**: il "Bertoldino" del quale fu autore lo stesso Giulio Cesare Croce.

OSSERVAZIONI E PROPOSTE DI LAVORO

RIFLETTI E RISPONDI

Nel testamento affidato a "sier Cerfoglio" si può leggere tutto quello che Bertoldo aveva posseduto in vita.

- Elenca le coppie destinatario-eredità e riscrivile in italiano corrente come vedi nell'esempio qui sotto:
  ciavattino, scarpe a quattro suole e otto soldi di moneta corrente =
  calzolaio, scarpe a quattro suole e otto soldi di moneta corrente;
  mastro Ambrogio spazzator di corte, soldi dieci =
  mastro Ambrogio spazzino, dieci soldi;
  barba Sambuco ortolano, cappello di paglia =
  zio Sambuco l'ortolano, cappello di paglia.

CONTINUA TU...

- Ritieni che il notaio abbia potuto procedere all'esecuzione di un simile testamento? Che valore si può attribuire ad esso?

Nel testamento Bertoldo rivela per la prima volta di avere una moglie e un figlio.

- Che motivo aveva, a tuo parere, di tenerli nascosti in vita? (Troverai la risposta nelle sue stesse parole)
- Prova a rendere con un aggettivo o con un verbo i consigli dati da Bertoldo al figlio, come vedi negli esempi qui sotto:
  Che non si domestichi con i suoi maggiori =
  che sia umile;
  Che non dia danno ai suoi vicini =
  che sia mite (o cordiale);
  Che mangi quando n'ha e che lavori quando può =
  che s'accontenti.

CONTINUA TU...

- Come immagini sia Bertoldino?
- Pensi che Bertoldo sia stato un buon padre? Giustifica la tua risposta.

• Perché, a tuo parere, il villano lascia questo testamento per il figlio?

• A tuo avviso Bertoldo era un conservatore — e quindi contrario a che i poveri lottassero per migliorare le loro condizioni di vita — oppure le sue parole erano dettate da un saggio realismo?
Giustifica la tua risposta.

Bertoldo dispensa anche al suo re qualche consiglio.

• Quali buone regole detta il testamento del villano?

• Un re che le rispetti può dirsi illuminato?

• Che differenza c'è tra il governo di un sovrano assoluto illuminato e fondato su un sistema democratico a regime parlamentare?

INDICE

Giulio Cesare Croce 3
Introduzione 5

Proemio 7
Osservazioni e proposte di lavoro 8
Le sottilissime astuzie di Bertoldo 9
Fattezze di bertoldo 9
Osservazioni e proposte di lavoro 10
Audacia di Bertoldo 11
Ragionamento fra il Re e Bertoldo 11
Astuzia di Bertoldo 14
Osservazioni e proposte di lavoro 15
Lite donnesca 16
Sentenza giusta del Re 17
Prudenza del Re 18
Bertoldo ridendo di tal sentenza dice 18
Osservazioni e proposte di lavoro 19
Lodi date dal Re alle donne 20
Astuzia di Bertoldo 21
Tumulto di donne della città per questa baia 22
Il Re va in collera con le donne e Bertoldo gode 23
Il Re scaccia le donne e biasma il sesso femminile 24
Osservazioni e proposte di lavoro 26
Il Re si pente di aver detto male delle donne,
onde torna di nuovo a lodarle 27
La Regina manda a domandar Bertoldo al Re,
perché lo vuol vedere 28
Bertoldo è condotto dalla Regina 29
Astuzia di Bertoldo, perché non gli fosse bagnato il podice 29
Bertoldo scampa la furia dell'acqua 30
Nuova astuzia di Bertoldo per non esser bastonato 30
Osservazioni e proposte di lavoro 31
La Regina brama che Bertoldo sia bastonato in ogni modo 32
Astuzia sottilissima di Bertoldo
per non essere pecosso dalle guardie 32
I servi sono bastonati in cambio di Bertoldo 33
Bertoldo torna dal Re e fa una burla a un parasito 33
Insolenza d'un parasito 34
Astuzia galante di Bertoldo nel tornare dinanzi al Re
nel modo ch'ei gli aveva detto 36
Osservazioni e proposte di lavoro 37
Astuzia ingegnosa di Bertoldo per non aver delle busse 39
Umor fantastico saltato nel capo alle donne della città 40
Astuzia di Bertoldo per cavare questo capriccio
dal capo alle dette femmine 42
Curiosità di cervelli donneschi 43
Risoluzione di donne 43
Dolore delle dette donne per essergli scampato via l'uccello 44
Risoluzione di donne animose 44
Le donne vanno dalla Regina ed essa le conduce innanzi al Re 45
Osservazioni e proposte di lavoro 46

La Regina racconta al Re la fuga dell'uccelletto 47
Il Re si mostra turbato forte e riprende le donne di tal fatto,
poi gli perdona e le manda a casa 47
Il Re fa abbassar l'uscio della sua camera, acciò
Bertoldo convenga inchinarsi nell'entrar dentro la mattina 50
Astuzia di Bertoldo per non inchinarsi al Re 51
Favola del Gambaro e della Granzella narrata da Bertoldo 51
Astuzia di Bertoldo per comparire innanzi al Re
nel modo sopradetto 55
Osservazioni e proposte di lavoro 56
Piacevolezza di Bertoldo 57
La Regina manda di nuovo a chieder al Re 58
Bertoldo con una bellissima astuzia si ripara
dal primo èmpito della Regina 60
La Regina fa mettere Bertoldo in un sacco 62
Astuzia nobilissima di Bertoldo per uscir fuori del sacco 62
Osservazioni e proposte di lavoro 63
Lo sbirro comincia a impaniarsi 64
Lo sbirro cava Bertoldo fuori del sacco 66
Lo sbirro comincia a cascare alla rete 69
Bertoldo mostra di non volere più che lo sbirro
entri nel sacco, per fargliene venir più desiderio 69
Lo sbirro si risolve d'entrar nel sacco 69
Osservazioni e proposte di lavoro 71
Bertoldo compra il porchetto e lascia lo sbirro nelle peste 72
La Regina non trovando la veste dà la colpa allo sbirro,
che l'abbia rubata, e credendo parlar con Bertoldo
parla con lo sbirro, ch'era nel sacco 72
Lo sbirro esce fuori del sacco in cambio di Bertoldo,
e la Regina tuta stupefatta dice 73
Lo sbirro vien bastonato; poi, tornato nel sacco,
è mandato a gettar nell'Adige 74
Bertoldo sta nel forno e la Regina il fa cercar per tutto 75
Bertoldo viene scoperto nel forno da una vecchia
e si divulga per tutto la Regina esser nel forno 75
Osservazioni e proposte di lavoro 76
Il Re dubita che Bertoldo non abbia portato la Regina
in quel forno, e va a chiarirsi del fatto 77
Bertoldo è tirato fuori dal forno e il Re sdegnato dice 77
Esclamazione di Bertoldo per la sentenza data dal Re contra di lui 79
Astuzia ultima di Bertoldo per campar la vita
seguitando il suo dire 80
Bertoldo non trova arbore né pianta che gli piaccia,
onde i ministri infastiditi lo lasciano andare 80
Osservazioni e proposte di lavoro 81
Il Re manda di nuovo a cercar Bertoldo e, trovatolo, va in persona
dove sta, e con preghi e gran promesse lo fa tornare alla corte 82
Morte di bertoldo e sua sepoltura 82
Epitafio di Bertoldo 83
Detti sentenziosi di Bertoldo innanzi alla sua morte 83
Osservazioni e proposte di lavoro 86
Testamento di Bertoldo trovato al capezzale del suo letto,
dopo la sua morte 87
Sier Cerfoglio legge il testamento 88
Osservazioni e proposte di lavoro 93